STRICKER

Tatortarbeit

Reihe
Schnell informiert

Tatortarbeit

Spurensuche und -sicherung bei verschiedenen Tat- und Einsatzorten

Johannes Stricker
Kriminalhauptkommissar

2., überarbeitete und erweiterte Auflage 2023

BOORBERG

Bibliografische Information der Deutschen Nationalbibliothek | Die Deutsche Nationalbibliothek verzeichnet diese Publikation in der Deutschen Nationalbibliografie; detaillierte bibliografische Daten sind im Internet über www.dnb.de abrufbar.

ISBN 978-3-415-07453-8

2. Auflage 2023

Titelfoto: © Gorodenkoff – stock.adobe.com | Satz: Olaf Mangold Text & Typo, 70374 Stuttgart | Druck und Bindung: Laupp & Göbel GmbH, Robert-Bosch-Straße 42, 72810 Gomaringen

Richard Boorberg Verlag GmbH & Co KG | Scharrstraße 2 | 70563 Stuttgart
Stuttgart | München | Hannover | Berlin | Weimar | Dresden
www.boorberg.de

Vorwort

Die vorliegende Broschüre verfolgt das Ziel, in kompakter und übersichtlicher Weise die wichtigsten Aspekte der Tatortarbeit darzustellen. Der Beamte im Wach- und Wechseldienst sowie in der Kriminalpolizei soll es als Nachschlagewerk und Checkliste verwenden und somit überall Zugriff auf die wichtigsten Informationen zur Tatortarbeit haben. Die Gliederung, insbesondere bei der Darstellung der einzelnen Spuren, soll dem Studenten als Lernhilfe dienen.

Anhand von ausgewählten Tatortbeispielen soll die Orientierung an entsprechenden Einsatzorten erleichtert werden, um somit ein rechtssicheres und professionelles Agieren sicherzustellen. Gerade das umsichtige, spurenschonende Verhalten der zuerst am Tatort eingesetzten Beamten entscheidet über die weitere Qualität der Ermittlungen.

Für die Unterstützung und Hilfe, insbesondere im Zusammenhang mit dem Bildmaterial, danke ich Herrn KHK Helpenstein von der KTU-Stelle des PP Wuppertal.

Aus Gründen der Lesbarkeit wird im Text die maskuline Form verwendet. Die Angaben beziehen sich aber auf alle Geschlechter.

Wuppertal, März 2018 *Johannes Stricker*

2. Auflage 2023:

Für die aktuelle Neuauflage wurde die vorliegende Broschüre überarbeitet und erweitert. Hierbei wurden einige redaktionelle Änderungen und Ergänzungen vorgenommen sowie alle Texte und Quellenangaben auf den aktuellen Stand (05/2023) gebracht. Dabei fanden die Neuregelungen in der StPO seit der ersten Auflage Berücksichtigung. Um außerdem der Bedeutung des sorgfältigen Umgangs mit Asservaten gerecht zu werden, wurde zu diesem Thema ein neues Kapitel eingefügt. Neu hinzugekommen ist außerdem eine Übersicht über den Umgang mit minderjährigen Personen am Tatort.

Wuppertal, Mai 2023 *Johannes Stricker*

Inhaltsverzeichnis

Vorwort 5

1 **Begriff und Bedeutung des Tatortes** 9
1.1 Tatort im juristischen Sinne 9
1.2 Tatort im kriminalistischen Sinne 9
1.3 Bedeutung des Tatortes 11

2 **Verhalten am Tatort/Grundsätzliches** 14

3 **Sofortmaßnahmen/Erster Angriff** 16

4 **Sicherungsangriff** 19

5 **Auswertungsangriff** 22

6 **Dokumentation des Tatortes** 23
6.1 Fotografie 23
6.2 Beschreibung und Skizzen 25
6.3 Technische/digitale Hilfsmittel 27

7 **Spurensuche und -sicherung von ausgewählten Spuren** 29
7.1 Wichtige Definitionen 29
7.2 Grundsätze der Spurensuche und -sicherung 31
7.3 Asservierung von Beweismitteln 33
7.4 Daktyloskopische Spuren 37
7.5 Ohrabdruckspuren 44
7.6 DNA-Spuren 45
7.7 Faserspuren 51
7.8 Schuhspuren 52
7.9 Reifenspuren 55
7.10 Werkzeugspuren 56
7.11 Glasspuren 61
7.12 Lackspuren 63

7.13 Waffenspuren 64
7.14 Digitale Spuren 70

8 Rechtliche Aspekte bei der Tatortarbeit 73
8.1 Belehrung angetroffener Personen 74
8.2 Besonderheiten bei minderjährigen Personen 78
8.3 Vorläufige Festnahme am Tatort 80

9 Schriftliche Arbeiten/Berichte 87
9.1 Tatortbefundbericht 87
9.2 Spurensicherungsbericht 88

10 Mögliche Fehlerquellen 90
10.1 Allgemein 90
10.2 Subjektiv 90
10.3 Objektiv 91

11 Ausgewählte Tatorte 93
11.1 Tötungsdelikte 93
11.2 Todesermittlungen 95
11.2.1 Tod durch Schusswaffe 99
11.2.2 Tod durch Erhängen 102
11.2.3 Tod durch scharfe Gewalt 104
11.2.4 Tod durch Sturz aus großer Höhe 105
11.2.5 Tod auf den Schienen 106
11.2.6 Tod im Wasser 108
11.3 Brand(tat)orte 110
11.4 Sexualdelikte 112
11.5 Raub-/Überfalltatorte 114
11.6 Häusliche Gewalt 115
11.7 Einbruchstatorte 116

12 Literatur 119

1 Begriff und Bedeutung des Tatortes

1.1 Tatort im juristischen Sinne

Die Legaldefinition aus § 9 StGB begründet neben dem Ort der Handlung auch den Gerichtsstand im ersten Rechtszug und die örtliche Zuständigkeit von Staatsanwaltschaft und Polizei.

§ 9 Abs. 1 StGB:
Eine Tat ist an jedem Ort begangen, an dem der Täter gehandelt hat oder im Falle des Unterlassens hätte handeln müssen oder an dem der zum Tatbestand gehörende Erfolg eingetreten ist oder nach der Vorstellung des Täters eintreten sollte.

1.2 Tatort im kriminalistischen Sinne

Der kriminalistische Tatort ist weiter und umfassender. Er …

… ist der Ort, an dem der Täter

vor + während + nach

der Tat gehandelt hat oder gehandelt haben könnte.

Für die Praxis sowie im Zusammenhang mit der Fertigung aller schriftlichen Arbeiten für die Ermittlungsakte eignet sich die Differenzierung des kriminalistischen Tatortes in die Begrifflichkeiten „Tatort im engeren Sinne“ und „Tatort im weiteren Sinne“ (siehe Dokumentation des Tatortes → *Kapitel 6.2*):

> Tatort im weiteren Sinne sind jene Örtlichkeiten, die mit der Tat im engen Zusammenhang stehen und Träger von Informationen über die Tat sind.

> Tatort im engeren Sinne ist der Ort, an dem sich die Tat unmittelbar ereignet hat und Veränderungen der Außenwelt, d. h. Spuren im Zusammenhang mit dem Geschehen erwartet werden.[1]

Die Beachtung der o. g. Definitionen soll gewährleisten, dass die Ermittlungen (wie die Tatortaufnahme und Spurensuche → zur Tatortarbeit siehe *Kapitel 1.3*) nicht nur auf einen eng umfassten Bereich beschränkt werden und dadurch möglicherweise wichtige Umstände des Tatgeschehens oder wichtige Spuren nicht erfasst werden.

Vielmehr sind Ermittlungen im Rahmen der Tatortarbeit überall dort durchzuführen, wo sowohl

- materielle Spuren als auch
- Zeugenaussagen

erwartet werden. Dies ermöglicht und erleichtert dann den Nachweis einer Straftat und der Täterschaft im Ermittlungsverfahren.

Zu den kriminalistisch relevanten Tatorten gehören:

- Annäherungswege an den Tatort

1 Clages in Frings/Rabe (2020), S. 41 ff.

- Orte, an denen der Täter zuvor etwas ausbaldowert hat
- Fluchtwege vom Tatort
- Fundorte von:
  - Tatbeute
  - Tatmitteln
  - Spuren
- Tatrelevante Fahrzeuge
- Wohn-/Aufenthaltsorte des Täters
- Arbeitsstätte des Täters

Auch Einsatzorte können kriminalistische Relevanz haben, bei denen durch polizeiliche Ermittlungen erst festgestellt werden muss, ob eine Straftat vorliegt.

Hierzu zählen:

- Unfallorte
- Brandorte
- Leichenfundorte

1.3 Bedeutung des Tatortes

Der Tatort ist zumeist der Ort, an dem die Polizei aufgrund einer Alarmierung bzw. von Hinweisen aus der Bevölkerung oder aufgrund eigener Beobachtungen erstmalig tätig wird. Hier werden die Weichen für das weitere Verfahren und die nachfolgenden Ermittlungen (und deren Erfolg) gestellt.

„Die besondere Bedeutung der Tatortarbeit ergibt sich aus seiner Stellung, nämlich Informations- und Erkenntnisquelle zur Tataufklärung zu sein.“[2]

Fehler, die in diesem frühen Stadium der Ermittlungen geschehen, sind meist nur schwer, evtl. sogar gar nicht zu korrigieren

2 Ackermann (2005), S. 325.

und können weitreichende Folgen für das Ermittlungsverfahren haben. Eine (nicht abschließende) Aufzählung möglicher Fehler bei der Tatortarbeit findet sich in *Kapitel 10* und soll zur Verhinderung ebensolcher beitragen.

Eine sorgfältige, lückenlose, nachvollziehbare und möglichst fehlerfreie Tatortarbeit ist dementsprechend unabdingbar.

„Tatortarbeit [ist die] kriminalistische Tätigkeit am Tatort während des Ersten Angriffs. Dazu gehören die Tatortsicherung, die Tatortbesichtigung, die Tatortbefundaufnahme, Maßnahmen zur Tätergreifung und andere vom Tatort ausgehende Ermittlungshandlungen."[3]

Aufwand und Umfang der Tatortarbeit orientieren sich hierbei grundsätzlich am Delikt, am Gefahrenausmaß sowie an der kriminalpolitischen Bedeutung. Auch das Medieninteresse und ein u. U. dadurch generierter politischer Druck können Auswirkungen auf das Handeln am Tatort haben.

Delikte mit einem Tatort von hoher kriminalistischer Relevanz (da mit hohem Spurenaufkommen zu rechnen ist) sind z. B.

- Tötungsdelikte
- Sexualdelikte
- Explosionsdelikte (wie z. B. die Sprengung von Geldausgabeautomaten)
- Branddelikte
- weitere Gewaltdelikte, wie Raub- und Körperverletzungsdelikte
- Einbruchsdelikte
- Eigentumsdelikte

3 Wirth (2021), S. 617.

- Umweltdelikte

Delikte mit einem Tatort von geringer kriminalistischer Relevanz (da nicht mit einem hohen Spurenaufkommen zu rechnen ist) sind z.B.

- Beleidigung
- Betrug
- Aussagedelikte
- Wirtschaftsdelikte

„Bei der Aufnahme der polizeilichen Tätigkeit am Ereignisort ist nicht in jedem Fall von vornherein erkennbar, ob es sich um den eigentlichen Ort der Tat, d.h. den Tatort oder z.B. den Fundort bzw. Ablageort handelt. Deshalb gilt grundsätzlich, dass an jedem Ereignisort, der mit einer Tat im Zusammenhang stehen kann, von Anfang an akribisch vorzugehen ist.“[4]

> → Im Zweifel ist immer von einem kriminalistisch relevanten Tatort auszugehen und dementsprechend zu agieren!

4 Clages (2022), S. 131.

2 Verhalten am Tatort/Grundsätzliches

Im Folgenden werden einige Grundsätze erläutert, die am Tatort beachtet werden sollten. Diese müssen auf den konkreten Einzelfall angewendet werden. Deliktsspezifische Besonderheiten werden in Kapitel 11 aufgeführt.

- Zunächst in Ruhe (!) einen Überblick über den Tatort und seine Gegebenheiten verschaffen und eine erste gedankliche Hypothese zum Tatablauf und zu erwartenden Spuren anstellen.
- Nicht vorschnell, unüberlegt agieren; Spuren könnten dadurch vernichtet, verändert oder Trugspuren gelegt werden.
- „Trampelpfad" anlegen, der von allen Berechtigten am Tatort benutzt wird.
- Überprüfung der Sicherung/Absperrung des Tatortes.
  Ist diese ausreichend? Ggf. Anpassung vornehmen.
- Weitere Maßnahmen koordinieren: Durch wen wird der Tatort aufgenommen? Sind weitere Kräfte hinzuzuziehen?
- Möglichst früh erste fotografische Übersichtsaufnahmen aus allen möglichen Blickwinkeln fertigen (möglichst zusätzlich aus erhöhter Position).
- Tatort dokumentieren.
- Dabei bereits auf Spuren achten, die besonders schützenswert sind, evtl. Reihenfolge der Sicherung anpassen.
- Fotos ohne Einsatzkräfte, Taschen, Material etc. fertigen.
- Essen/Trinken/Rauchen sind am Tatort zu unterlassen.
- Keine Führungs- und Einsatzmittel am Tatort liegen lassen.
- Keine Einmalhandschuhe/Taschentücher etc. am Tatort entsorgen.

- Nur Personen an den Tatort lassen, die mit dem Sicherungs- oder Auswertungsangriff betraut sind. Sonst niemanden.
- Anwesenheit und Dauer sowie getätigte Maßnahmen/vorgenommene Änderung jedes Einzelnen am Tatort dokumentieren.
- Bevor Spuren/Asservate berührt werden, den Grundsatz beachten:

> 1. Auge – 2. Kamera – 3. Hand

Die Situation am Tatort sollte möglichst „eingefroren" werden. Das verhindert Veränderungen durch Umwelteinflüsse oder vor Ort befindliche Personen. Dann kann dokumentiert und können vorhandene Spuren gesucht, gefunden und gesichert werden. Dazu zählt neben dem oben erwähnten Verhalten am Tatort auch ein optimaler Spurenschutz, insbesondere:

- **Handschuhe:** dienen der Eigensicherung, sollen das Legen von daktyloskopischen, Schmauch- und DNA-Spuren durch Hautzellen (Epithelzellen) verhindern.
- **Mundschutz:** soll das Legen von DNA-Spuren durch Speichel verhindern.
- **Fußüberzieher:** sollen das Legen von Schuhspuren verhindern.
- **Haarnetz/Ganzkörperanzug:** soll das Legen von Haarspuren und textilen Faserspuren verhindern.

Der Beamte, der einen Tatort betritt, sollte sich somit vorher darüber im Klaren sein, nach welchen Spuren er sucht bzw. welche Spuren zu erwarten sind. Danach hat er den Spurenschutz zu wählen. Hierbei gilt der Grundsatz:

> **Es gibt nicht zu viel Spurenschutz, sondern nur zu wenig!**

3 Sofortmaßnahmen/Erster Angriff

Mit Sofortmaßnahmen sind alle Maßnahmen gemeint, die unmittelbar nach Kenntnisnahme eines kriminalistisch relevanten Sachverhalts erforderlich sind. Hier geht es darum, noch andauernde Gefahren zu beseitigen, sofortige Fahndungen nach flüchtigen Tätern einzuleiten und Maßnahmen einzuleiten bzw. durchzuführen, die für das weitere Ermittlungsverfahren von Bedeutung sind.

Außerdem geht es darum, die Tatausführung zu beenden und das Schadensausmaß einzugrenzen.

Der Begriff des „Ersten Angriffs" ist weiter gefasst. Hierzu zählen „alle unaufschiebbaren Feststellungen und Maßnahmen zur Aufklärung von rechtswidrigen Taten. Der Erste Angriff besteht gemäß PDV 100 grundsätzlich aus Sicherungsangriff und Auswertungsangriff."[5]

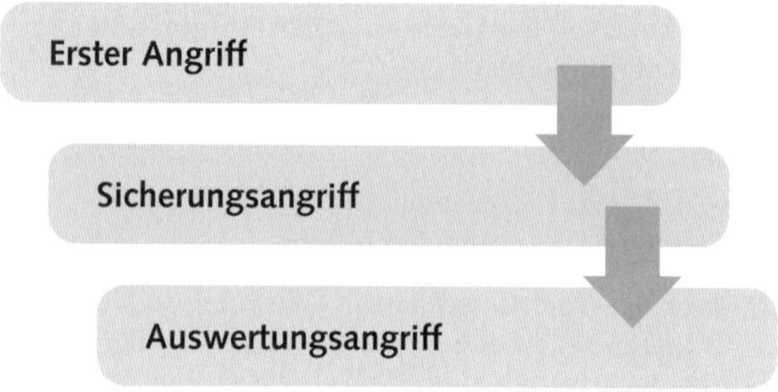

5 Wirth (2021), S. 194.

„Für beide Einsatzphasen besteht ein umfangreicher Katalog von taktischen Verhaltensweisen und Maßnahmen. Danach ist der Sicherungsangriff weitestgehend von Sofortmaßnahmen geprägt. Der Auswertungsangriff hat in der Hauptsache die Aufnahme und Dokumentation des Tatgeschehens zum Zweck.“[6]

Daher wird der Sicherungsangriff in der Regel durch Kräfte des Wach- und Wechseldienstes durchgeführt, während der Auswertungsangriff anschließend von Beamten der Kriminalpolizei vorgenommen wird. Es sind aber auch zahlreiche Anlässe denkbar, bei denen von diesem Grundsatz abgewichen wird. So ist es z. B. möglich, dass bei bestimmten Massendelikten keine Kapazitäten der Kriminalpolizei verfügbar sind und dass dann auch der Auswertungsangriff durch die zuerst vor Ort befindlichen Beamten durchzuführen ist.

Beim polizeilichen Handeln am Tatort sind insbesondere in der ersten Phase des Sicherungsangriffs gefahrenabwehrende Maßnahmen nötig (zur Versorgung von Verletzten, Eindämmung von Gefahren, o. Ä.). Allerdings sollte hierbei bereits auf ein möglichst spurenschonendes Vorgehen geachtet werden. Es ist ständig zu prüfen, ob die vor Ort durchgeführten Maßnahmen wirklich zwingend für den Schutz von Leib und Leben notwendig sind, denn die Veränderungen von Spuren sind hierbei sehr gravierend.

Um einen möglichst reibungslosen Übergang vom Sicherungsangriff zum Auswertungsangriff zu gewährleisten, ist eine Übergabe/Übernahme des Tatortes durchzuführen. Hierbei wird der Tatort gemeinsam begangen und der Leiter des Auswertungsangriffs wird über die bereits durchgeführten Maßnahmen und vorgenommenen Änderungen informiert. Die mit dem Sicherungsangriff betrauten Beamten sollten auch bei den nachfol-

6 Clages/Ackermann (2017), S. 78.

genden Maßnahmen ihre Unterstützung anbieten. Ein Beharren auf Zuständigkeiten stünde hierbei einer zielgerichteten Tatortarbeit entgegen!

> Als Grundsatz bleibt festzuhalten: Ein „sauber" durchgeführter Sicherungsangriff bietet die Grundlage für eine erfolgreiche Tatortaufnahme und Spurensicherung im Rahmen des nachfolgenden Auswertungsangriffs!

4 Sicherungsangriff

Beim Sicherungsangriff geht es insbesondere darum, gefahrenabwehrende Maßnahmen durchzuführen.[7]

Hierzu zählen:

- Erste Hilfe leisten (egal ob Täter, Opfer oder Unbeteiligte)
- Gefahren einschätzen und bekämpfen bzw. eingrenzen
  Diese können ausgehen
  - vom Tatverdächtigen → sofortige Fahndung einleiten bzw. Maßnahmen zur vorläufigen Festnahme einleiten;
  - von den Umständen am Tatort (z. B. Brand, austretende Stoffe o. Ä.) → geeignete Hilfsmaßnahmen in Zusammenarbeit mit Feuerwehr oder anderen Institutionen/Hilfskräften einleiten bzw. durchführen.

Des Weiteren geht es beim Sicherungsangriff darum, den Tatort zu schützen bzw. so zu sichern, dass im Rahmen des späteren Auswertungsangriffs der (subjektive und objektive) Tatbefund erhoben werden kann. Dies geschieht im Einzelnen durch:

Schutz des subjektiven Befundes:

- Feststellung der Personalien und Erreichbarkeiten der beteiligten Personen vor Ort
- Wer war Melder des Ereignisses?
- Statusgemäße Belehrung (siehe *Kapitel 8.3*)
- Erste **getrennte** Befragung zum Tatablauf, zum Täter, zur Fluchtrichtung

7 Sie werden durch die Polizeikräfte vorgenommen, die als erstes vor Ort sind (in der Regel Kräfte des Wachdienstes). Auf Maßnahmen, die vor Eintreffen am Tatort durchzuführen bzw. zu veranlassen sind, wird an dieser Stelle nicht eingegangen.

- Zeugen nach der ersten Befragung nicht voreilig „entlassen". Zunächst abklären, ob weitere Informationen benötigt werden könnten / ggf. Verbleib der Person erfragen (z. B. welches Krankenhaus bei Verletzten; ist evtl. eine Begleitung durch die Polizei erforderlich?)
- Feststellung weiterer Zeugen im Umfeld des Tatortes
- Auffälliges Verhalten von Personen am Tatort dokumentieren

Die Befragungen vor Ort richten sich nach den „7 goldenen W-Fragen":

Wer?
Wann?
Wo?
Was?
Wie?
Womit?
Wieso?

Schutz des objektiven Befundes:

- Absperrung des Tatortes (je unklarer die Lage, desto weiträumiger)
- Durchsuchung des Tatortes nach Tatverdächtigen, Verletzten, Gegenständen, von denen Gefahr ausgeht
- Anlegung eines Trampelpfades
- Fotografische Dokumentation
- Sicherstellung von Beweismitteln
- Markierung/Dokumentation sichtbarer Spuren

- Schutz der Spuren vor Umwelteinflüssen. Ist dies nicht möglich: ggf. Notsicherung gefährdeter Spuren (in Rücksprache mit Fachdienststelle – FD[8])
- Übergabe des Tatortes an den Leiter des Auswertungsangriffs

Ggf. nach Rücksprache mit der Fachdienststelle (FD) Durchführung des Auswertungsangriffs in eigener Zuständigkeit.

8 Fachdienststelle kann je nach Bundesland die Kriminalwache, Kriminaldauerdienst, Erkennungsdienst oder die für das Delikt zuständige Dienststelle sein.

5 Auswertungsangriff

Der Auswertungsangriff ist die zweite Phase des Ersten Angriffs. Er folgt auf den Sicherungsangriff und hat zum Ziel, den subjektiven und objektiven Tatbefund zu erheben. Er wird in der Regel durch Kräfte der Kriminalpolizei (Kriminalwache, Kriminaldauerdienst o. Ä.) durchgeführt.

Objektiver Befund:

- Dokumentation/Beschreibung des Tatortes (siehe *Kapitel 6*)
- Suche und Sicherung von Spuren
- Sicherstellung von Beweismitteln

Subjektiver Befund:

- Ermittlung und Vernehmung weiterer Zeugen im Tatortumfeld (besonders wichtig, da die Bereitschaft in der Bevölkerung, sich im Nachhinein bei der Polizei zu melden, stetig abnimmt)
- Ergänzende Vernehmung bereits ermittelter Zeugen
- Ergänzung von Fahndungshinweisen auf Tatverdächtige
- Fertigung eines Tatortbefundberichtes (siehe *Kapitel 6*)

Handlungsleitend bei den mit dem Auswertungsangriff betrauten Beamten sollte eine gedankliche Tatrekonstruktion sein. Sie sollten versuchen, sich in den Täter und sein Handeln vor Ort hineinzuversetzen (siehe auch *Kapitel 7.2*) und eine erste Tathypothese aufzustellen. Diese Erkenntnisse sollten dann bei den weiteren Ermittlungen Berücksichtigung finden.

6 Dokumentation des Tatortes

Um ein möglichst realitätsgetreues Abbild des Tatortes für die Ermittlungsakte (und damit für das spätere Verfahren) zu erhalten, ist der Tatort möglichst genau und lückenlos zu dokumentieren, bevor durch die Spurensicherung Veränderungen vorgenommen werden. Dies umfasst:

- die Dokumentation der objektiven Gegebenheiten und des Spurenaufkommens zur Beweissicherung sowie
- die Dokumentation von durchgeführten und beabsichtigten Maßnahmen, Methoden, Abläufen, das am Tatort eingesetzte Personal und Material[9]

Hierbei wird unterschieden zwischen der bildlichen Dokumentation (Fotografie), der schriftlichen Dokumentation (Beschreibung) und der Vermessung mithilfe technischer Mittel.

6.1 Fotografie

Im Zeitalter der Digitalfotografie gibt es keine technischen Beschränkungen hinsichtlich der Anzahl der Fotos. Hier gilt der Grundsatz:

Lieber ein paar Fotos zu viel als zu wenig!

Sie gelten aber auch als Beweismittel im Strafverfahren und dürfen deshalb nicht verändert werden. Sollen bestimmte Ausschnitte vergrößert werden, um etwas zu verdeutlichen, sind

9 Vgl. BKA, Anleitung Tatortarbeit – Spuren, Abschnitt „Grundlagen".

die einzelnen technischen Arbeitsschritte nachvollziehbar zu dokumentieren.

Man unterscheidet zwischen Tatort- und Spurenfotografie. Es geht darum, den Ist-Zustand vor Ort festzuhalten. Ein Betrachter, der den Tatort nicht kennt, sollte sich allein anhand der Fotos mit den entsprechenden Erläuterungen orientieren können.

Bei der Spurenfotografie geht es darum, die Objekte maßstabsgetreu abzubilden. Wird eine Spur bei der Sicherung beschädigt, kann eine Auswertung anhand der Fotos erfolgen.[10] Das zeigt, dass der korrekte Umgang mit der Kamera vor Ort von entscheidender Bedeutung ist.

Es werden folgende Aufnahmearten unterschieden:

- **Übersichtsaufnahmen:** Sie dienen der Orientierung am Tatort. Der Ausschnitt ist so zu wählen, dass der Betrachter die Situation (den Raum) auf den ersten Blick insgesamt erfassen kann. Dazu sind meist Aufnahmen aus verschiedenen (entgegengesetzten) Blickwinkeln zu fertigen. Offensichtlich erkennbare Spuren sind dann zu markieren. Danach erfolgt eine erneute Fertigung von Übersichtsaufnahmen.
- **Teilübersichtsaufnahmen:** Sie dienen dazu, besondere Situationen hervorzuheben bzw. von der Gesamtsituation auf eine bestimmte Spur hinzudeuten. So kann der Betrachter die Spur in den räumlichen Kontext einordnen.
- **Detailaufnahmen:** Das Objekt, die Spur wird bildfüllend, einzeln, mit Markierung und Maßstab erfasst.

Fotos am Tatort sollten in dieser Reihenfolge aufgenommen werden. Zu Beginn sollten Technik und Funktionsweise der Kamera studiert werden, damit Fotos ohne technische Fehler

10 Vgl. BKA, Anleitung Tatortarbeit – Spuren, Abschnitt „Grundlagen".

(unscharf, falsche Belichtung etc.) und in ausreichender Auflösung aufgenommen werden.

Auch sollte vermieden werden, Personen, Ausrüstungsgegenstände o. Ä. mit aufzunehmen. Dies führt womöglich zu Verunsicherung/Verwirrung des Betrachters und erweckt einen unprofessionellen Eindruck.

6.2 Beschreibung und Skizzen

Die Beschreibung des Tatorts wird grundsätzlich unterteilt in:

- **Weiterer Tatort**
- **Engerer Tatort**
- **Spurenaufkommen**
- **Offensichtliche Veränderungen**

Allgemein bietet es sich an,

- größere Flächen areal-/bzw. sektorenweise,
- Gebäude von außen nach innen,
- Räume im Uhrzeigersinn von einem festen Punkt ausgehend

zu beschreiben.

Weiter können Hilfsmittel herangezogen/erstellt werden:

- Kartenausschnitte (z. B. über allgemein zugängliche Internetseiten mit Karten, Satellitenfotos und Straßenaufnahmen)
- Skizzen
- Grundstücks-/Gebäudepläne
- Baupläne
- Handelt es sich um ein großes, unwegsames Gelände, können auch Fotoaufnahmen mittels Drohnen oder unter Einsatz eines Polizeihubschraubers zur Orientierung hilfreich sein.

Eine Gliederung von außen nach innen mit den nachfolgenden Fragestellungen sollte handlungsleitend sein und ermöglicht eine nachvollziehbare und möglichst vollständige Beschreibung. Nachfolgend werden relevante Bereiche aufgeführt, die bei einem Tatort in einem Haus beachtet werden sollten:

Zugang zum Objekt (Haus von außen)

- Wie kann der Tatort erreicht werden?
- Welchen Zustand hat das Haus/die Wohnung? Wie viele Parteien wohnen in dem Haus?
- Wie viele Zugänge gibt es zum Haus?
- Welche Lichtverhältnisse herrschen zur Aufnahmezeit?
- Welche Beleuchtungsverhältnisse herrschen zur Aufnahmezeit?

Hausflur (evtl. weiterer Tatort)

- Wie viele Briefkästen sind vorhanden? (Wie sind diese zugänglich?)
- Welche Namensschilder befinden sich an den Briefkästen?
- Sind diese korrespondierend zum Klingelbrett?
- Anzahl/Art/Zuordnung der Keller
- Licht im Treppenhaus von allen Etagen schaltbar?
- Fenster im Treppenhaus?

Wohnung (evtl. engerer Tatort)

- Wie ist die Wohnung zu erreichen?
- Auf welcher Etage befindet sich die Wohnung?
- Zustand der Wohnungstür
- Schlosszustand
- Schlüssel vorhanden? Wenn ja: wo, wie viele?

- Klingel funktionstüchtig?
- Sprechanlage vorhanden? Wenn ja: funktionstüchtig?

Zimmer (evtl. engerer Tatort)

- Welche Zugänge sind möglich/welche Auffälligkeiten sind vorhanden (aber keine Wertung vornehmen)?

In jedem Zimmer sollte Augenmerk gelegt werden auf:

- Zustand von Tür-/Schließeinrichtungen/vorhandene Schlüssel
- Stellung und Zustand der Fenster
- Stellung der Lichtschalter/Licht
- Gefühlte Temperatur im Raum/Stellung der Thermostate
- Geruch im Raum
- Gesamteindruck/Zustand des Raums (ordentlich aufgeräumt, spärlich eingerichtet, durchwühlt, vernachlässigt etc.)

6.3 Technische/digitale Hilfsmittel

Weitere Dokumentationsmöglichkeiten ergeben sich durch den Einsatz von Fotogrammetrieverfahren oder dem sog. 3D-Laserscan-Verfahren. Diese werden über die entsprechenden Fachdienststellen angefordert und erstellen nach Auftrag eine maßstabsgerechte Abbildung des Tatortes. Auf Einsatzvoraussetzungen und Leistungsumfang wird an dieser Stelle verzichtet.

Das Bundeskriminalamt entwickelt im Rahmen eines Projekts (INSITU, lat. in situ: „am Ort") gemeinsam mit der Polizei Berlin derzeit ein digitales Tatortdokumentationssystem, das es mithilfe einer Anwendung für Smartphone und Tablet ermöglicht, alle relevanten Informationen (wie Spuren, Asservate,

Skizzen, Karten, Grundrisse, Zusammenhänge etc.) an einem Tatort digital zu erfassen. Durch die Vernetzung mit anderen verfügbaren Daten wird es möglich sein, Daten von u. a. Digitalkameras und Lasercannern zu verknüpfen und diese dann medienbruchfrei in weiterverarbeitende Systeme zu überführen und sie dort weiter zu verarbeiten.[11]

11 Vgl.: https://www.bka.de/DE/UnsereAufgaben/Ermittlungsunterstuetzung/Kriminaltechnik/Tatortarbeit/Tatortdokumentation/tatortdokumentation_node.html

7 Spurensuche und -sicherung von ausgewählten Spuren

Im Folgenden werden die gängigsten Spuren, deren Eigenschaften und deren Sicherung aufgeführt. Besonderheiten einzelner Bundesländer können hier keine Berücksichtigung finden. Für die Studierenden der Fachhochschulen kann das folgende Kapitel als unterstützende Lern- und Merkhilfe dienen. Darum erfolgt die Darstellung anhand der folgenden Struktur: Spurenart, Allgemeine Beweiskraft, Konkreter Beweiswert und Sicherung der Spur.

7.1 Wichtige Definitionen

- **Spuren** im kriminaltechnischen Sinn sind sichtbare oder latente materielle Veränderungen, die im Zusammenhang mit einem kriminalistisch relevanten Ereignis entstanden sind und zu dessen Aufklärung beitragen können.[12]
- **Die Spurensuche** ist das planmäßige Vorgehen zum Auffinden aller kriminalistisch relevanten materiellen Veränderungen (Spuren) sowohl operativ am Ereignisort bzw. Tatort und in seiner Umgebung (Zu- und Abgangsweg), an Personen, Tatmitteln und Tatobjekten als auch unter Laborbedingungen an gesicherten Spurenträgern.[13]

12 Pientka (2012), S. 119.
13 Wirth (2021), S. 580.

- **Spurenträger** sind Personen, Gegenstände und Materialien, an bzw. in denen sich Spuren im Ergebnis eines kriminalistisch relevanten Ereignisses befinden.[14]
- **Trugspuren** sind materielle Veränderungen, die nicht im Zusammenhang mit einem kriminalistisch relevanten Ereignis entstanden sind. Sie sind bis zur Klärung wie echte Spuren zu behandeln.[15] Damit eine Klärung möglichst zeitnah erfolgen kann, ist die Dokumentation von Veränderungen am Tatort durch eingesetzte Polizeibeamte von entscheidender Bedeutung.
- **Fingierte Spuren** sind materielle Veränderungen, die bei oder nach der Begehung von Straftaten vom Täter oder Opfer bewusst gelegt worden sind, mit der Absicht von einem kriminalistisch relevanten Ereignis abzulenken oder eines vorzutäuschen.[16]
- **Situationsspuren** sind diejenigen Spuren, die sich aus dem Vorhandensein oder Fehlen von Gegenständen und deren besonderer Lage am Ort und zueinander ergeben und die der Rekonstruktion des Geschehens dienen.[17] Alle Spuren und Situationen, die am Tatort vorgefunden werden, sind somit gleichzeitig immer eine Situationsspur. So ist z. B. auch das Fehlen von Gegenständen oder die veränderte Lage bei einem Einbruchstatort eine Situationsspur.
- **Formspuren** sind die durch Einwirkung eines Spurenverursachers entstandenen Formveränderungen an einem Objekt. Aus der formmäßigen Beschaffenheit der Spur sind kriminalistische Schlüsse zu ziehen.[18]

14 Clages/Ackermann (2017), S. 296.

15 Pientka (2017), S. 120.

16 BKA, Anleitung Tatortarbeit – Spuren, Abschnitt „Glossar“.

17 Pientka (2017), S. 121.

18 Pientka (2017), S. 123.

- Als **Gegenstandsspuren** werden Gegenstände bezeichnet, die am Tatort aufgefunden werden und eine beweiserhebliche Bedeutung haben.[19]
- **Materialspuren** sind Substanzen (fest, flüssig oder gasförmig), deren stoffliche Eigenschaften und Zusammensetzungen kriminalistische Schlüsse zulassen. Materialspuren sind insbesondere
  - Schussspuren,
  - Glas-, Lack-, Metall- und Kunststoffspuren,
  - Haare,
  - Boden-, Schmutz- und Pflanzenspuren sowie mikrobiologische Spuren,
  - textile Spuren,
  - toxikologische Spuren,
  - Mineralölprodukte.[20]
- **Informations- und Kommunikations- (IUK-) oder digitale Spuren** sind alle Informationen, die in binärer Form elektronisch gespeichert oder übermittelt werden.[21]
- **Spurenkomplex**, mehrere verschiedene kriminaltechnische Spuren, die in einem begrenzten Bereich am Tatort, am Tatobjekt, am Tatmittel oder am Täter vorhanden sind.[22]

7.2 Grundsätze der Spurensuche und -sicherung

Für die meisten Tatorte in der Praxis hat sich die Kombination aus systematischer und heuristischer Suche nach Spuren bewährt.

19 Pientka (2017), S. 122.
20 Pientka (2017), S. 122.
21 BKA, Anleitung Tatortarbeit – Spuren, Abschnitt „Spurenarten“.
22 Wirth (2021), S. 578.

Systematische Suche[23]	Heuristische Suche
▪ Lückenlose Suche ohne Eingrenzung des Suchbereiches ▪ Im Freien – sektoren-/arealweise ▪ In Räumen – im Uhrzeigersinn ▪ Bietet sich an, wenn: – keine Tathypothese – wenig/keine Informationen zum Ereignis vorhanden sind ▪ Zur Suche von – Tatmitteln – Beute ▪ Generell bei Kapitaldelikten	▪ Suche wird auf Bereiche beschränkt, in denen Spuren erwartet werden ▪ Nach gedanklicher (Tat-) Rekonstruktion erfolgt eine Eingrenzung auf einen engeren (Such-) Bereich ▪ Mithilfe von – Zeugenaussagen – Zu- und Abgangswegen – Veränderungen/ Auffälligkeiten am Tatort[24]

Grundsätzlich gilt für die Sicherung:

Zu Beginn der Ermittlungen am Tatort steht noch nicht immer fest, welche Spuren für das spätere Verfahren beweisrelevant sind. Daher sind alle infrage kommenden Spuren nach der Suche zu sichern. Hierbei ist ein möglichst großzügiger Maßstab anzulegen. Im Einzelnen ist wie folgt vorzugehen:

- Spuren fotografieren
- In ihrer Lage (zueinander) beschreiben, vermessen und skizzieren
- Nach Möglichkeit im Original mit Spurenträger sichern
- Falls dies nicht möglich ist: Zuhilfenahme von Hilfsspurenträgern

23 Vgl. Pientka (2017), S. 127.

24 Clages/Ackermann (2017), S. 360.

- Spuren der jeweiligen Art entsprechend einzeln verpacken/ beschriften
- Vorgang der Sicherung zur Nachvollziehbarkeit fotografisch dokumentieren

7.3 Asservierung von Beweismitteln

Gegenstände, die als Beweismittel für das Ermittlungsverfahren Relevanz haben könnten, sind vor Ort sicherzustellen/zu beschlagnahmen und zu asservieren (in amtliche Verwahrung zu nehmen).

Die rechtlichen Grundlagen für die Asservierung ergeben sich wie folgt:

- Bei Sicherstellung/Beschlagnahme gemäß §§ 94, 98, 108, 111b, 127a, 132 StPO und §46 OWiG
- Bei der Einziehung oder dem Verfall nach §§ 73, 74 StGB
- Bei der Sicherstellung zur Gefahrenabwehr nach den polizeirechtlichen Bestimmungen der einzelnen Bundesländer
- Oder aus spezialgesetzlichen Regelungen

Relevante Beweisstücke können z. B. sein:

- Spuren und Spurenträger
- Tatmittel/Tatbeute, wie z. B.
  - Urkunden/Dokumente
  - Speichermedien (Handys/USB-Sticks/Festplatten etc.)
  - Geld
  - Waffen
  - Betäubungsmittel
  - Werkzeuge
  - Fahrzeuge

Gegenstände, die in einem Strafverfahren beschlagnahmt oder sonst in amtliche Verwahrung genommen worden sind, müssen zur Vermeidung von Schadensersatzansprüchen vor Verlust, Entwertung oder Beschädigung geschützt werden. Die Verantwortung hierfür trifft zunächst den Beamten, der die Beschlagnahme vornimmt.[25]

Grundsätzlich muss jeder Gegenstand, der als Beweismittel für das Verfahren in Betracht kommt, eindeutig dokumentiert werden. Außerdem muss zu jedem Zeitpunkt des Verfahrens (also von der Sicherstellung/Asservierung vor Ort bis zur Abgabe des Asservats an die Staatsanwaltschaft oder einen Berechtigten) gerichtssicher und lückenlos nachvollziehbar sein, wo sich das Asservat befunden hat und wer für die Verwahrung verantwortlich war/ist.

> Eine Beschädigung, Beeinträchtigung, Verwechslung oder gar Verlust sind unbedingt zu verhindern!

Auch um den Beweiswert zu erhalten und mögliche Schadensersatzansprüche zu vermeiden, ist eine strenge Ordnung unter der Einhaltung der folgenden Grundregeln zu beachten:[26]

- Exakte Erfassung der Gegenstände
- Unzweifelhafte Kennzeichnung
- Übersichtliche Aufbewahrung → auch bereits am Tatort
- Ständige Kontrolle über den Ort und Zustand des Asservats
- Die Herausgabe von Asservaten erfolgt ausschließlich an Berechtigte
- Keine Übergabe von Asservaten ohne eine entsprechende schriftlich dokumentierte Anordnung und Protokoll weder an externe Personen noch intern an Kollegen

25 Richtlinien für das Strafverfahren und das Bußgeldverfahren (RistBV), Nr. 74.

26 Vgl. Ackermann/Clages/Roll (2022), S. 577.

Für das spätere Verfahren ist die Einhaltung der o.g. Grundregeln von enormer Bedeutung. Es ist besondere Sorgfalt gefordert, da ansonsten die Gefahr eines Beweismittelverlustes droht. Dies kann auch bei Asservaten der Fall sein, deren Bedeutung zu Beginn der ersten Maßnahmen am Tatort noch gar nicht feststeht oder als gering eingeschätzt wird.

Von daher bietet sich vor Ort folgende Vorgehensweise an, wenn (mögliche) relevante Beweisstücke gefunden wurden:

- Beteiligte Zeugen/anwesende Personen/Kollegen auf den Fund aufmerksam machen
- Genaue Dokumentation mit folgenden Fragestellungen:
  - Wo wurde die Sache gefunden?
  - Wie wurde sie aufbewahrt/versteckt?
  - In welchem Zustand befindet sich die Sache?
  - Genaue Beschreibung des Gegenstandes
- Verpackung des Gegenstandes (Besonderheiten der Spurensicherung beachten)
- Individuelle Kennzeichnung der Sache
- Gut sichtbare Hinweise auf der Verpackung bei Besonderheiten (z.B. wenn es sich um Spuren/Spurenträger/verderbliche Sachen/gefährliche Gegenstände handelt)
- Vermerk in einem Durchsuchungs-/Sicherstellungsprotokoll

Zur Kennzeichnung der Verpackung von Asservaten kann die Vorlage auf der folgenden Seite ergänzt, kopiert und auf der Verpackung angebracht werden. Eine Weitergabe von Asservaten ohne entsprechende Kennzeichnung (Aufkleber, Etiketten etc.) hat unbedingt zu unterbleiben.

In einigen Bundesländern wird bereits mit digitalen Asservatenverwaltungssystemen und Aufklebern mit Barcodes gearbeitet. In diesem Zusammenhang sind die landesspezifischen Regelungen zu beachten.

Sachbearbeitende Dienststelle:	
Aktenzeichen/Vorgangsnummer:	
Asservaten-Nr.:	

Inhalt:	
Herkunft/Ort der Sicherung:	
Datum/Uhrzeit der Sicherung:	
Gesichert durch: (Name, Dienstgrad, Dienststelle)	

7.4 Daktyloskopische Spuren

Allgemein

„Daktylos“ + „skopein“ (griech.): „Fingerschau“.

„Daktyloskopische Spuren sind die an Gegenständen hinterlassenen Abbilder menschlicher Papillarleisten bzw. Leistenhaut, die sich an Fingern, Handinnenflächen, Handkanten und Fußsohlen befinden.“[27]

Diese Spuren entstehen bei Abdrücken dadurch, dass bei der Berührung durch die hauteigenen Papillarleisten Schweiß und Talg auf den Gegenstand übertragen werden und sich dadurch ein Hydro-Lipidfilm (Wasser-Fett-Gemisch) auf dem Spurenträger abzeichnet.[28]

Eindrücke entstehen dadurch, dass bei der Berührung das Papillarleistenmuster in einen weichen Gegenstand weiches Material gedrückt wird (z.B. frische Farbe, Wachs, Staub, Blut, Klebefläche bei Klebebändern etc.).[29]

Spurenart

Formspuren als Ab- oder Eindrücke; Situationsspur.

Allgemeine Beweiskraft

Daktyloskopische Spuren sind klassische Vertreter der Individualidentifizierung. Hierbei werden die Hautleisten, das Papillarleistenmuster, ausgewertet und verglichen. Man spricht in diesem Zusammenhang von drei Säulen:

1. Sie kommen bei jedem Menschen nur einmal vor (selbst bei eineiigen Zwillingen),

27 BKA, Anleitung Tatortarbeit – Spuren, Abschnitt „Spurenarten“.

28 Vgl. Pientka (2017), S. 137.

29 Vgl. BKA, Anleitung Tatortarbeit – Spuren, Abschnitt „Spurenarten“.

2. sie verändern sich im Laufe des Lebens nicht und
3. sie sind klassifizierbar.

Beim allgemeinen Papillarlinienverlauf werden drei Grundmuster unterschieden:

- Schleifenmuster,
- Wirbelmuster und
- Bogenmuster.

Zum allgemeinen Papillarlinienverlauf kommen dann noch die anatomischen Merkmale (Minuzien) hinzu, die für die Individualidentifizierung nötig sind. Diese anatomischen Merkmale sind bestimmte Punkte im Papillarlinienverlauf, die eine Vielzahl an Formen aufweisen können.[30] Es ist außerdem möglich, dass individuelle Merkmale vorliegen, die durch Verletzungen (z. B. Narben) entstanden sind und zu einer Identifizierung beitragen. Somit liegt eine Individualidentifizierung vor bei:

Allgemeiner Papillarlinienverlauf
+
12 anatomische Merkmale

Weniger als 12 anatomische Merkmale
+
Individuelle Merkmale (Narben, Verletzungen etc.)

Liegen diese Voraussetzungen nicht vor, können daktyloskopische Spuren immer noch als Gruppenbeweis (eingeschränkte) Beweiskraft haben.

30 Vgl. Clages/Ackermann (2017), S. 360.

Konkreter Beweiswert

Daktyloskopische Spuren können die Anwesenheit des Spurenverursachers am Tatort belegen. Sie beweisen, dass der Täter bestimmte Gegenstände angefasst hat. Hierbei kommt es dann auf die Lage dieser Gegenstände am Tatort sowie die Lage der Spur am Gegenstand an. Damit ist nämlich dann die Aussage möglich, wie der Täter etwas angefasst und gebraucht hat und wo er den Gegenstand herhaben könnte.
Es sind keine Aussagen über das Alter der Spur (und somit die zeitliche Anwesenheit des Täters) möglich.

Zu finden u.a. an folgenden Stellen:

- Fensterbänke
- Spiegel
- Glasflächen (Fenster, Türglas)
- Glasbehältnissen (Flaschen, Gläser)
- Papier/Papp-/Briefumschläge
- Kunststoff (wie z.B. Kreditkarten)
- Metall (Türgriffe)
- Zurückgelassene Tatwerkzeuge

Sicherung

Eine Beurteilung auf Brauchbarkeit der daktyloskopischen Spur nach deren Sichtbarmachung erfolgt nicht am Tatort, sondern ist dem Sachverständigen für Daktyloskopie vorbehalten. Somit ist die Spur vor Ort in jedem Falle zunächst zu sichern.

→ Grundsatz: Feuchte Spuren sollten zunächst getrocknet werden!

Ansonsten:

- Handschuhe schützen vor Legen eigener Trugspuren, aber nicht vor Beschädigung/Vernichtung vorhandener Tatspuren.
- Suche durch gedankliche Tatrekonstruktion (Was könnte der Täter angefasst haben? Wie könnte er gehandelt haben?)
- Sicherung transportabler potenzieller Spurenträger im Original, falls dies nicht möglich ist, erfolgt die Sicherung vor Ort wie folgt:
- Sichtbarmachung der Abdruckspur mit Rußpulver durch Adhäsion mit Pinsel (→ Arbeitsschutzbestimmung des eingesetzten Materials beachten; Feinstaub des Rußpulvers kann giftig sein!)
- Dazu Rußpulver mit Pinsel in leicht kreisenden Bewegungen berühren, bis die Spur sichtbar wird
- Gängigste Pinselarten:
  - Zephir-/Marabu-Pinsel: zwischen Daumen und Zeigefinger halten und Adhäsionspulver mit Drehbewegungen aufbringen
  - „Magna Brush"-Pinsel: mit Magnetstab Späne aufnehmen und kreisförmig über der Spur verteilen
  - Danach anklebende Magnetteile wieder lösen
    Wichtig: Nicht zu nah an die Spur, um diese nicht mit dem Stab zu berühren und zu beeinträchtigen.
- Zunächst an geeigneter, unwichtiger Stelle probieren
- Einmessen/mit „Krimfo" oder anderen Hilfsmitteln Maßstab herstellen
- Fotografisch dokumentieren!
- Mit Klebefolie oder Gelfolie vom Spurenträger abziehen und (möglichst gerade und blasenfrei) auf Spurenkarte aufbringen

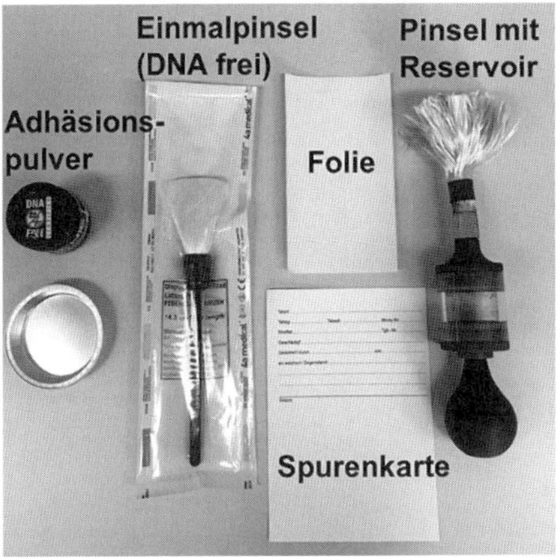

Abbildung 1: Utensilien für die Sicherung daktyloskopischer Spuren

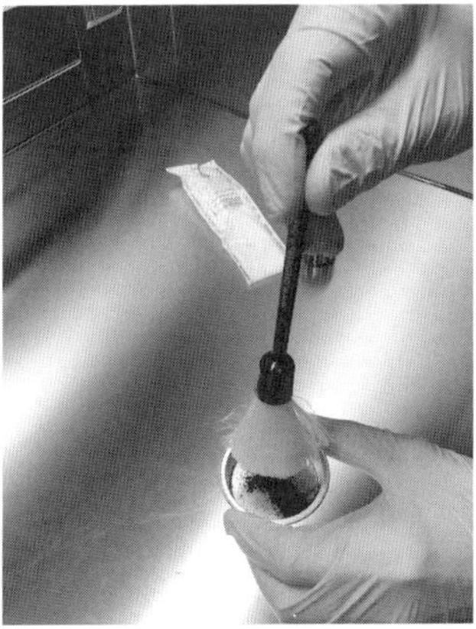

Abbildung 2: Rußpulver in Schale geben und mit Pinsel aufnehmen

Abbildung 3: Mit kreisenden Bewegungen Rußpulver auftragen

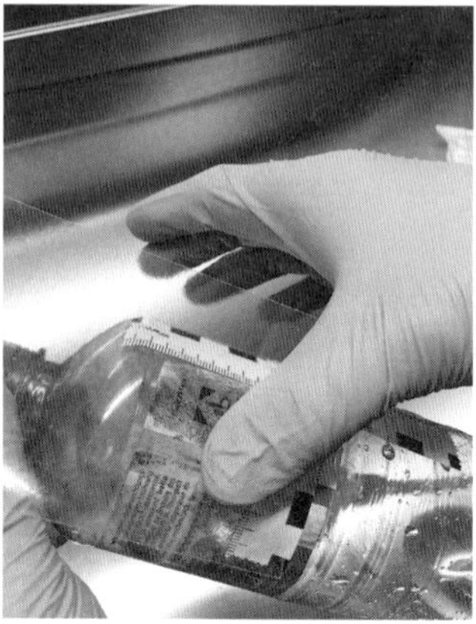

Abbildung 4: Spurenfolie auf eingerußten Bereich aufbringen und mit Fingern festdrücken und glattstreichen

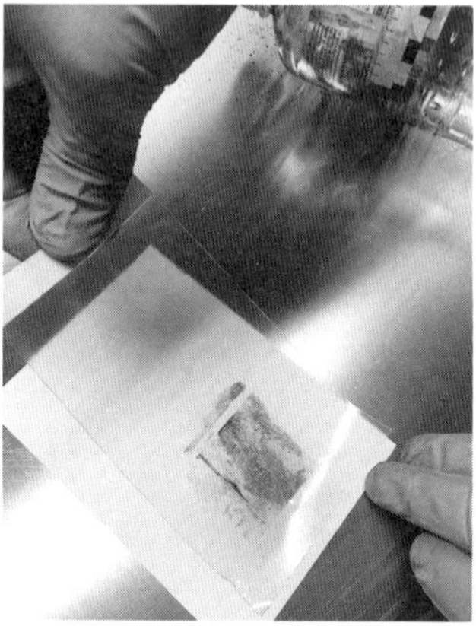

Abbildung 5: Spurenfolie vom Spurenträger abziehen und auf Spurenkarte auftragen

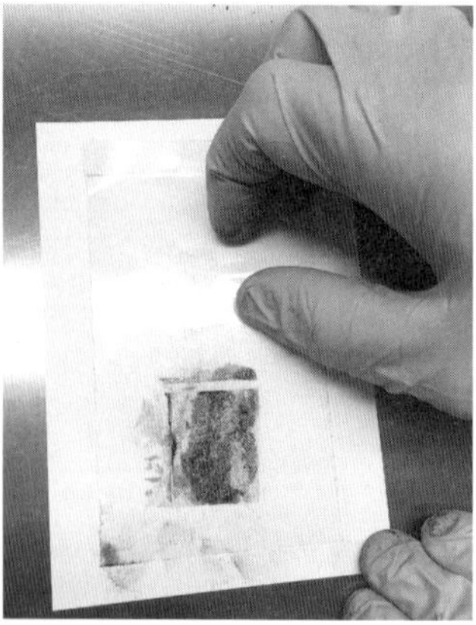

Abbildung 6: Spurenfolie möglichst blasenfrei auf Karte andrücken

- Spurenkarte beschriften (Lage der Spur muss rekonstruierbar sein)
- Alternativ kann die kontrastierte Spur auch mit Abformmasse abgeformt werden.

Liegt die Spur als Eindruckspur vor:

- Einmessen/mit Krimfo oder anderen Hilfsmitteln Maßstab herstellen
- Fotografisch dokumentieren!
- Spurenkarte beschriften (Lage der Spur muss rekonstruierbar sein)
- Mit Abformmasse abformen

Auch eine Sichtbarmachung mittels chemischer Mittel ist möglich:

- Saugende Spuren wie z. B. Papier werden (durch die Fachdienststelle, z. B. Kriminaltechnische Untersuchungsstelle) u. a. mit Ninhydrin besprüht bzw. betaucht.
- Nicht saugende Spuren können (durch die Fachdienststelle) mithilfe der Cyanacrylatbehandlung in einem Bedampfungsschrank sichtbar gemacht werden.

Eine Spurenkonkurrenz zu DNA-Spuren kann verhindert werden durch:

- Verwenden von Einmalpinseln und DNA-freiem Rußpulver
- Alleinige fotografische Sicherung

Erst dann können DNA-Abriebe genommen werden (ansonsten Verlust der daktyloskopischen Spur)!

In einigen Bundesländern gibt es bereits kontaktlose Spurensicherungsverfahren für daktyloskopische Spuren. Hierbei werden an einem Arbeitsplatz in der Kriminaltechnik die Spurenträger im Original mit einem hochauflösenden Gerät gescannt und digital aufbereitet. Dabei werden keine chemischen oder adhäsiven Kontrastmittel verwendet. Dies hat den Vorteil, dass der Spurenträger/das Asservat in seinem originalen Zustand erhalten bleibt und somit für weitere kriminaltechnische Untersuchungen (wie z. B. DNA-Untersuchungen) zur Verfügung steht.[31]

7.5 Ohrabdruckspuren

Allgemein

Ohrabdruckspuren sind insbesondere im Zusammenhang mit Einbruchstatorten von Bedeutung. Der Täter horcht an der Tür oder einem Fenster, ob die Bewohner zuhause sind, und hinterlässt somit die entsprechende Spur. Es sind sodann Rückschlüsse auf die Körpergröße des Täters möglich.

Spurenart

Formspuren, die als Abdrücke vorliegen; Situationsspur.

Allgemeine Beweiskraft

Ausgehend von der Lage (insbesondere der Höhe z. B. auf dem Türblatt) der Ohrabdruckspuren sind in Form eines Gruppenbeweises Rückschlüsse auf die Körpergröße des Spurenverursachers möglich.

Die Ohrmuschel und deren Abdrücke weisen, wie Hand- oder Fingerspuren, einmalige individuelle Merkmale auf, die im Rahmen von anthropologischen Gutachten beim Vorliegen von Vergleichsabdrücken eine Individualidentifizierung ermöglichen.[32]

Konkreter Beweiswert

Die Anwesenheit des Spurenverusachers an der Tür/dem Fenster und somit einem bestimmten Bereich des Tatortes kann nach-

31 Die Bundesländer NRW, Sachsen und Rheinland-Pfalz arbeiten mit dem sog. „EVISCAN“-System (vgl. https://www.eviscan.com/de/).

32 Frings/Rabe (2020), S. 116.

gewiesen werden. Aussagen über die Zeit der Anwesenheit des Spurenlegers und das Alter der Spur sind hingegen nicht möglich.

Sicherung

Bei der Sicherung sind sie wie daktyloskopische Spuren zu behandeln.

> →Besonders wichtig ist die Dokumentation der Lage der Spur (insbesondere die Höhe und Position auf dem Türblatt).

7.6 DNA-Spuren

Allgemein

DNA (engl.) ist der gebräuchlichere Begriff für die DNS → Abkürzung für „Desoxyribonukleinsäure, biologisches Makromolekül, das im Zellkern und in den Mitochondrien vorkommt."[33]

> →Wo sich Menschen länger aufhalten, atmen, agieren, etwas anfassen oder sprechen, ist mit DNA-Spuren zu rechnen.

Spurenart

DNA-Spuren haben grundsätzlich Bedeutung als Situations- und Materialspuren.

Bei Blutspuren kommt die Bedeutung als Formspur hinzu, da Hinweise zu Menge, Aufprallgeschwindigkeit, Tropfrichtung etc. eine Rekonstruktion des Tatablaufes insbesondere bei Gewaltdelikten ermöglichen.

33 Wirth (2021), S. 149.

DNA ist enthalten u. a. in folgenden serologischen Spuren:

- Blut
- Schweiß
- Speichel
- Nasensekret
- Sperma
- Vaginalsekret
- Hautschuppen (Epithelzellen)

Außerdem möglicherweise in:

- Haaren
- Exkrementen
- Knochen
- Zähnen

Allgemeine Beweiskraft

DNA-Spuren gelten als Individualbeweis, wenn ein DNA-Identifizierungsmuster erstellt werden kann. → Je mehr Merkmalssysteme vorhanden sind, umso eher ist dies möglich.

Die Ausnahme stellten bislang eineiige Mehrlinge dar, die eine identische DNA aufweisen. Im Rahmen von aufwendigen Forschungsarbeiten ist es aber inzwischen gelungen, auch bei Mehrlingen Unterschiede festzustellen.[34]

Bei Blutspuren ist in Form des Gruppenbeweises außerdem eine Aussage über Blutgruppe, Geschlecht, Krankheiten, Alkohol- und sonstige Intoxikationen (Betäubungsmittel, Medikamente) möglich.

Konkreter Beweiswert

Werden am Tatort DNA-Spuren gesichert, können diese mit Vergleichsmaterial eines potenziellen Tatverdächtigen, Geschädigten, Zeugen oder mit dem Bestand der DNA-Analyse-Datei (DAD) verglichen werden. Ergibt sich dabei eine Übereinstim-

34 Vgl. Weber (2013).

mung, erlaubt dies die Aussage, dass die betroffene Person die entsprechenden Gegenstände am Tatort berührt bzw. sich dort aufgehalten hat. Bei Familienangehörigen bzw. „tatortberechtigten" Personen kann der konkrete Beweiswert erst durch die weiteren Ermittlungen verifiziert werden.

Führt der Abgleich mit der DAD zu keinem Personentreffer, können mithilfe des DNA-Identifizierungsmusters Aussagen über weitere phänotypologische Merkmale getroffen werden:

- Alter der Person
- Geschlecht
- Haarfarbe
- Augenfarbe
- Hautfarbe

Dies ermöglicht die Eingrenzung auf einen Kreis potenzieller Tatverdächtiger, ein Individualbeweis ist dadurch nicht möglich.

Aussagen über das Alter von DNA-Spuren und somit den Zeitpunkt der Spurenverursachung sind nicht möglich.

> → Vorsicht ist geboten bei auffällig drapierten Spurenträgern, wie z. B. Zigarettenkippen. Diese könnten an anderer Stelle gesammelt und als fingierte Spur am Tatort ausgelegt worden sein.

Sicherung

Die Auswertungsmöglichkeiten von DNA-Spuren entwickeln sich ständig weiter und werden dadurch immer präziser, sodass selbst kleinste DNA-Bestandteile auswertungsfähig sind. Die Gefahr, dass bei der Tatortarbeit Trugspuren gelegt werden, ist somit sehr groß.

Die Anforderungen an den Spurenschutz sind daher bei keiner anderen Spur von so großer Bedeutung!

→ Mindestens Handschuhe/Mundschutz tragen, am Tatort möglichst wenig sprechen!

Da DNA-Spuren vergleichbar mit daktyloskopischen Spuren nicht sichtbar sind, erfolgt die Suche heuristisch nach einer gedanklichen Tatrekonstruktion:

→ Wo könnte sich der Täter (länger) aufgehalten haben?

→ Wo könnte der Täter länger/schwer geatmet haben?

→ Was könnte der Täter angefasst haben?

Die Sichtbarmachung latenter Blutspuren mithilfe von Lumineszenzen sollte erst nach einer (blinden) DNA-Probenentnahme erfolgen, da diese dadurch zerstört werden kann! Hierzu vorher Kontakt mit der Fachdienststelle aufnehmen.

Spurenträger nach Möglichkeit im Original sichern. Dazu:

- Gegenstand mit Handschuhen in trockene atmungsaktive Verpackung (z. B. Papiertüte) geben

Ansonsten abreiben/abkleben. Dazu:

- Trotz Mundschutz nicht sprechen, intensiv ausatmen etc.
- Wattestieltupfer eindeutig kennzeichnen (abgeriebener Bereich + nass/trocken)
- Wattestieltupfer mit destilliertem Wasser („aquadest") besprühen (gilt nicht, wenn Spur an sich nass ist, wie z. B. Blut) und mittels Dreh- und Reibbewegungen über die Spur streichen
- Vorgang mit zweitem trockenem Tupfer wiederholen
- Dann Tupfer direkt in die selbsttrocknende Hülle zurückstecken

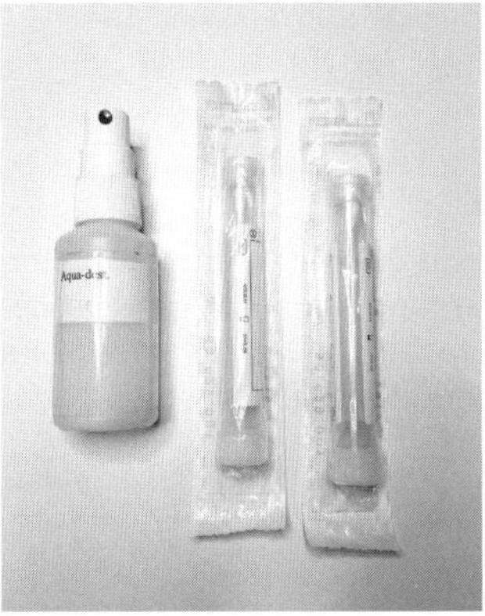

Abbildung 7: Destilliertes Wasser und zwei Wattestieltupfer („forensic swaps") bereitlegen

Abbildung 8: Wattestieltupfer (erst in der Nähe der Spur) aus der Hülle nehmen

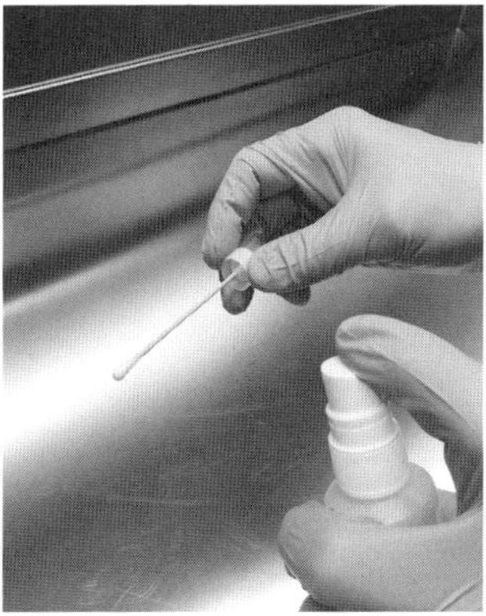

Abbildung 9: Wattestieltupfer mit Wasser besprühen

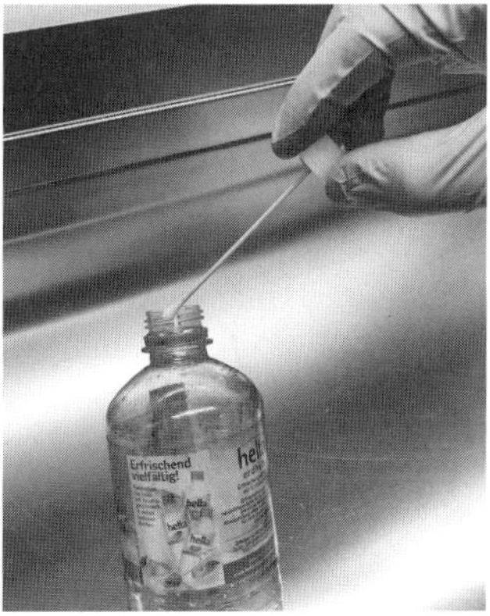

Abbildung 10: Über die Spur reiben. Nicht zu fest, damit der Stiel nicht abbricht. Den Vorgang mit trockenem Tupfer wiederholen

Wurden Spurenträger im Original gesichert, müssen diese getrocknet werden. Dazu ist unbedingt zeitnah Kontakt mit der Fachdienststelle aufzunehmen.

DNA-(Vergleichs-)Probenentnahme

Die rechtlichen Voraussetzungen zur Probenentnahme richten sich nach dem Status der Personen und sind zwingend zu beachten! (Zum Ausschluss von Berechtigten am Tatort ist eine Entnahme nur mit der Zustimmung der Betroffenen möglich! Diese ist aktenkundig zu machen.)

Es erfolgt eine zweifache Speichelprobenentnahme mittels „forensic swap".

Hierzu sind die o.g. Schutzmaßnahmen zur Verhinderung von Kontaminationen zu beachten (Mundschutz, Handschuhe). Mit Wattestieltupfer leicht in der Wangeninnenseite mit kreisenden Bewegungen hin- und herreiben. Es sollte vorher darauf geachtet werden, dass sich keine Speisereste oder sonstige Fremdkörper in der Mundhöhle befinden.

Im Anschluss die Wattestieltupfer mit anonymisierter Formel beschriften.

Anonymisierungsformel:

Abkürzung von

- Vorname
- Zuname
- Geburtsjahr
- Geburtsort
- Staatsangehörigkeit
- Geschlecht

Beispiel:
Joachim Selters, *31.03.1980 in Berlin, deutsch, männlich
J.S./1980/Berlin/deutsch/m(ännlich)

7.7 Faserspuren

Spurenart

Faserspuren haben als Material- und Situationsspur Bedeutung. Dort, wo sich bekleidete Personen länger aufhalten, hinterlässt die Kleidung auf den entsprechenden Gegenständen Fasermaterial. Bei Delikten mit einem intensiven Täter-Opfer-Kontakt kommt es zu einem Austausch/einer Kreuzung der verschiedenen Fasermaterialien.

Allgemeine Beweiskraft

Es können Aussagen über die Art der textilen Fasern getroffen werden (Art der Kleidung, Farbe, Garn etc.). Hierbei handelt es sich dann um einen Gruppenbeweis. Können aber von einem Kleidungsstück auch Fasern aus dem Lebensumfeld (Beispiel: Sofa, andere benutzte Textilien) einer Person gesichert werden, erhält dies einen individuellen Beweiswert.[35] Gerade der Nachweis einer Spurenkreuzung von Fasern bei Täter und Opfer hat eine sehr hohe Beweiskraft.

Konkreter Beweiswert

Je nach Intensität kann ein Täter-Opfer-Kontakt bzw. die Anwesenheit des Kleidungsträgers an einem (Tat-)Ort bewiesen werden.

Spurensicherung

Als Spurenträger kommen in Betracht:

- Kleidung aller Art
- Sessel/Sofas/Betten/auch am Boden
- Fahrzeugsitze
- Einstiegsstellen bei Einbruchstatorten (z. B. an scharfkantigem, eingeschlagenem Glas)

35 Vgl. Frings/Rabe (2016), S. 39.

Kleidungsstücke:

- Sind nach Möglichkeit im Original zu sichern;
- Vor der Verpackung Papier zwischenlegen, damit sich die Fasern nicht vermengen und im Nachhinein eine Verteilung der Fasern möglich ist.
- Einzelne sichtbare aufliegende Fasern mit Einmalpinzette aufnehmen und in Pergamintüte verpacken
  →Genaue Lage vor Ort dokumentieren

Weitere Spurenträger:

- Faserspuren werden, z. B. auf Autositzen, mithilfe von Klebefolien gesichert.
- Hierzu werden Klebefolien nummeriert und vollflächig auf das gesamte Areal aufgebracht.
- Danach werden die Folien abgezogen und auf vorher zurechtgeschnittene durchsichtige Folien aufgebracht.

7.8 Schuhspuren

Spurenart

„Von den Schuhlaufsohlen bzw. nackten oder bestrumpften Fußsohlen verursachte Ein- oder Abdruckspuren.“[36]

Es handelt sich bei Schuhspuren um technische Formspuren (als Ab- oder Eindruckspuren), die auch als Situationsspur Bedeutung haben können.

Schuhe können auch als Spurenträger in Betracht kommen, wenn Material (wie z. B. Blätter, Steine, Zigarettenkippen etc.) an den Schuhsohlen haftet.

36 Clages/Ackermann (2017), S. 345.

Allgemeine Beweiskraft

Schuhe werden grundsätzlich industriell als Massenprodukt gefertigt. Allgemein erlauben Schuhspuren Hinweise zur Schuhart, Gehrichtung, Größe und Modell. Durch regelmäßiges Tragen werden die Schuhe abgenutzt, erhalten individuelle Merkmale und hinterlassen somit auch individuelle Spuren.

„Vor dem Hintergrund, dass mit Schuhsohlen Material vom Boden abgehoben wird, muss die Schuhsohle selbst auch als Spurenträger von Materialspuren (Blut, Erde, Vegetation, Farbe etc.) in Betracht gezogen werden."[37]

Bei Vorliegen von Vergleichsschuhen besteht die Möglichkeit, eine Aussage darüber zu treffen, dass der bestimmte Schuh die entsprechende Spur verursacht hat, also als Individualbeweis taugt.

Dazu bedarf es:

- Individueller Abnutzungen oder Beschädigungen an der Sohle
- Einer zeitnahen Sicherstellung des Schuhs

Je nach Bundesland und Dienststelle existieren ggf. zentrale oder dezentrale Datenbanken (sog. Schuhspurensammlungen), in denen – analog zu daktyloskopischen Spuren – gesicherte Tatortspuren sowie Schuhabdruckmuster gesammelt werden. Dies ermöglicht die Ermittlung möglicher Spuren- und Tatzusammenhänge.

Konkreter Beweiswert

- Anwesenheit eines oder mehrerer Schuhträger
- Geh-/Laufrichtung des Schuhträgers rekonstruierbar

37 Frings/Rabe (2020), S. 121.

Suche/Sicherung

Suche mit Schräglicht nach gedanklicher Tatrekonstruktion. Zu erwartende Bereiche sind allgemein bei Zu- und Abgangswegen des Täters zu suchen:

- Mauern
- Wiesen/(Blumen-)Beete
- Fensterbänke
- Fußböden/Teppiche/Polstermöbel

Abdruckspuren werden wie daktyloskopische Spuren gesichert:

- Fotografie (planparallel, formatfüllend, maßstabsgerecht),
- mit Adhäsionspulver sichtbar machen,
- Abzug mittels durchsichtiger Spurensicherungsfolie oder Gelatinefolie erstellen,
- alternativ, wenn möglich, Spurenträger im Original sicherstellen.

Eindruckspuren werden wie folgt gesichert:

- vorsichtig von Fremdkörpern (Blättern, Ästen etc.) befreien, trocknen,
- Fotografie (planparallel, maßstabsgerecht),
- dann mit Gipsmasse ausgießen.

Ggf. vorher mit Haarlack o. Ä. stabilisieren. Gipsmasse vor dem Verpacken unbedingt trocknen lassen und durch geeignete Verpackung vor dem Zerbrechen schützen.

In Nordrhein-Westfalen wird seit 2022 im Rahmen eines Projekts eine Methode entwickelt, die mithilfe eines mobilen Beleuchtungsrahmens und einer Smartphone-App eine beweissichere, berührungsfreie (und damit zerstörungsfreie) Sicherung von Schuheindruckspuren mithilfe von fotogrammetrischen Aufnahmen am Tatort ermöglicht.[38]

38 https://dortmund.polizei.nrw/artikel/stiefels-methode-klappt-ohne-gips

7.9 Reifenspuren

Spurenart

Formspuren als:

- **Abdruckspur:** Durch Bremsverhalten des Fahrzeuges entsteht durch Abrieb der Reifen das Reifenmuster auf dem Asphalt.
- **Eindruckspur:** Fahrzeug fährt über weichen Untergrund; das Muster der Reifen hinterlässt dort das Profilmuster.

Situationsspur (insbesondere im Zusammenhang mit Verkehrsunfällen)

Allgemeine Beweiskraft

Profil/Reifenmuster erlaubt Hinweise zu Hersteller, Reifenbreite bzw. Größe, Modell und Art, wie Sommer-/Winterreifen. Dies stellt einen Gruppenbeweis dar. Es können Aussagen zu Fahrverhalten, Bremsweg und Fahrtrichtung getroffen werden. Bei individuellen Beschädigungen des Reifens ist u. U. auch eine Individualidentifizierung möglich.

Konkreter Beweiswert

Es kann festgestellt werden, dass sich ein Fahrzeug am Tatort befunden hat. Aussagen über die Insassen sind hingegen nicht möglich.

Sicherung

- Grundsätzlich analog zu Schuhspuren
- Abdruckspuren fotografisch (Adhäsion nicht nötig, da sichtbar, Folienabzug wegen des Untergrundes meist nicht möglich)
- Eindruckspuren ausgipsen (auf der Länge einer kompletten Radumdrehung)

7.10 Werkzeugspuren

Allgemein

Insbesondere bei Einbruchsdelikten von Bedeutung, durch z. B. die Manipulation von Schließzylindern und das Aufhebeln von Fenstern/Türen.

Es wird nach der Funktionsweise des spurenverursachenden Werkzeugs unterschieden:[39]

- Hebelnde Werkzeuge (z. B. Schraubendreher, Brecheisen)
- Greifende Werkzeuge (z. B. Zangen, Schraubenschlüssel)
- Trennende Werkzeuge (z. B. Bolzenschneider, Kneifzange, Scheren)

Spurenart

Bedeutung als Situationsspuren zur Rekonstruktion des Tathergangs (z. B. Einstieg-/Ausstiegort des Täters bei Einbruchsdelikten).

Technische Formspuren: Unterteilung in Schürf- bzw. Schartenspuren sowie Eindruckspuren.

Sind Lackabsplitterungen vorhanden, können diese auch als Materialspur von Bedeutung sein.

Allgemeine Beweiskraft

Ermöglicht zunächst als Gruppenbeweis eine Aussage über die Art und Breite des Werkzeuges.

Bei Vorliegen eines mutmaßlichen Tatwerkzeuges ist durch Vergleich ein Individualbeweis möglich (das Werkzeug weist sowohl durch seine Benutzung als auch bereits durch die technische Fertigung individuelle Merkmale auf).

39 Vgl. BKA, Anleitung Tatortarbeit – Spuren, Abschnitt „Werkzeugspuren".

Ermöglicht wird eine Aussage über das verursachende Werkzeug, nicht über die verursachende Person.

Konkreter Beweiswert

Aussage, dass ein bestimmtes Werkzeug die entsprechende Spur verursacht hat.

Sicherung

- Ggf. mit Streiflicht sichtbar machen
- Fotografisch dokumentieren
- Nach Möglichkeit im Original (z. B. bei Schließzylindern beide Hälften sicherstellen)

> **Achtung:** Die Werkzeugspur kann Spurenträger weiterer Spuren sein (z. B. daktyloskopische Spuren, DNA-Spuren, Material wie Lack-, Faserspuren). Wenn die Sicherung im Original nicht möglich ist, erfolgt sie mittels Abformmasse, nachdem die konkurrierenden Spuren gesichert wurden.

Bei der Abformung ist wie folgt vorzugehen:[40]

- Karton oder Spurenkarte beschriften
  - Alle relevanten Angaben (insbesondere Lage der Spur mittels Handskizze) auf der Spurenkarte vermerken
  - Spuren durchnummerieren
- Abformmasse auftragen
  - Ausschließlich braune oder graue Abformmasse im Dispenser verwenden
  - Bei tiefen Temperaturen geeignete Abformmasse auswählen

40 Die folgenden Ausführungen sind entnommen aus: „Anleitung zur Erstellung von Abformungen von Werkzeug- und Formspuren“, LKA NRW.

  - Masse mittels Dispenser in die Spur geben. Die Abformmasse sollte über die eigentliche Spur hinausgehen. So sind die Randbegrenzungen nachher besser erkennbar.
  - Zur Verhinderung von Blasenbildung Dispenser während des Auftragens der Masse in der Spur belassen
  - Bei schwer zugänglichen Spuren ggf. dünne Aufsatzkanüle verwenden
  - Referenzmasse neben der Spur auftragen, um Aushärten zu prüfen (bei Raumtemperatur beträgt die Dauer der Aushärtung i. d. R. fünf Minuten, bei kalten Außentemperaturen deutlich länger)
  - Karton bzw. Papier auf Abformmasse aufdrücken
- Abformung abziehen
  - Referenzmasse prüfen
  - Wenn vollständig ausgehärtet, Abformung abziehen. Dabei an der Abformmasse ziehen, um das Ablösen von der Spurenkarte/dem Karton zu verhindern
  - Bei Bedarf Spuren auf Spurenkarte erneut fixieren (mittels Abformmasse oder heften; dabei Spur nicht zerstören)
- Abformung kontrollieren
  - Abformungen hinsichtlich Qualität prüfen (ggf. mit Lupe)
  - Befinden sich Fremdkörper an der Spur, sind zur „Reinigung“ mehrere Abformungen durchzuführen, um ein einwandfreies Ergebnis zu erhalten
  - Auch bei qualitativ minderwertigen Abformergebnissen, z. B. durch Fehlstellen, Blaseneinschluss, unzureichend vermischter Abformmasse, Anhaftungen, unvollständigem Abformen der Spur etc. ist die Spur erneut abzuformen.

> **Wichtig:** Entsprechende Dokumentation/Kennzeichnung und Sicherung aller Abformungen!

- Abformung verpacken
  - Abformungen in Pergamin, Papierumschlag etc. verpacken
  - Verpackung beschriften
- Werkzeuge und Werkzeugspuren stets getrennt verpacken

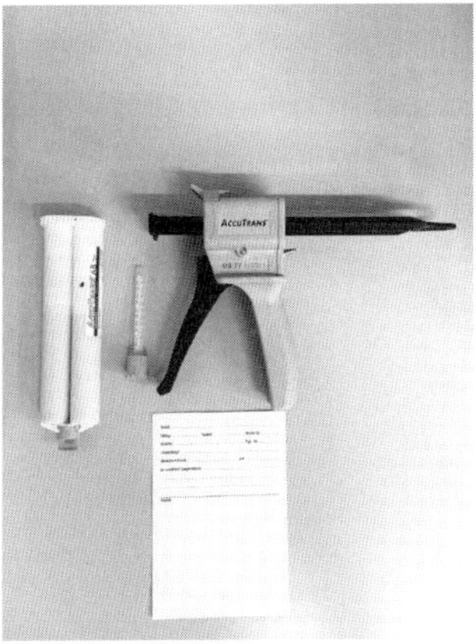

Abbildung 11: Spurenkarte, Dispenser und Abformmasse bereitlegen. Wenn möglich, Spurenkarte vor der Sicherung beschriften

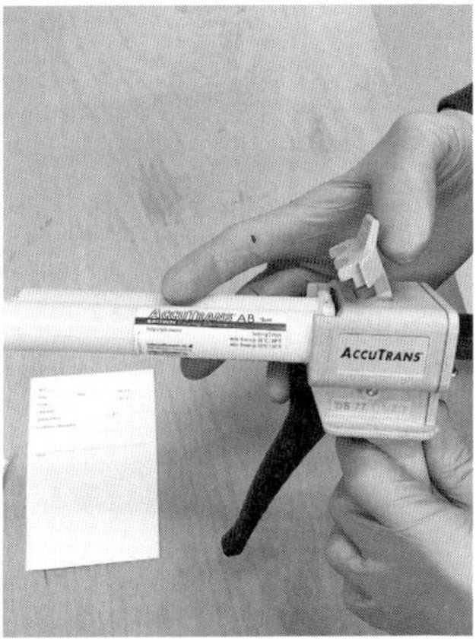

Abbildung 12: Kartusche mit Abformmasse in den Dispenser geben und verriegeln

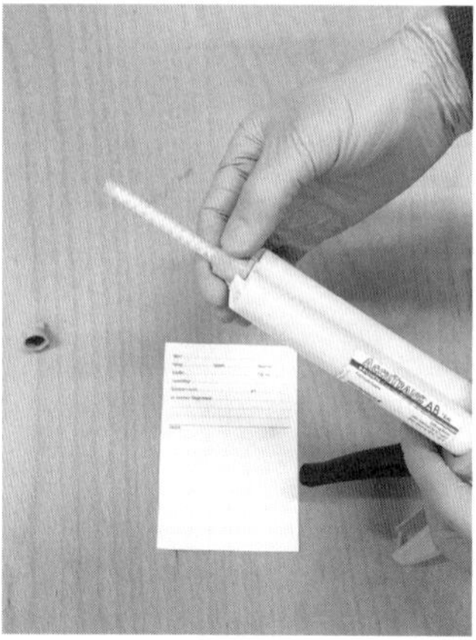

Abbildung 13: Kanüle am Dispenser befestigen

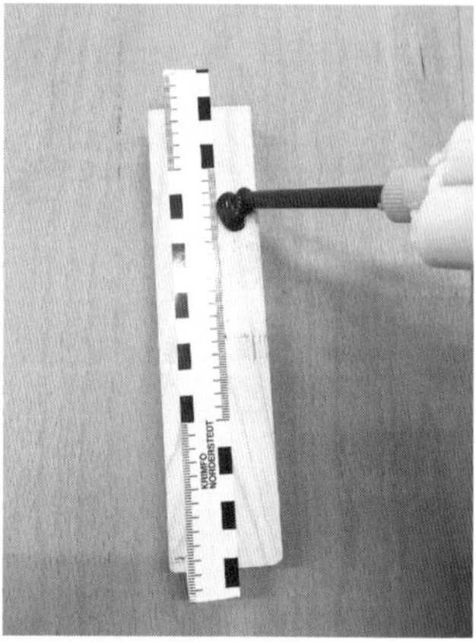

Abbildung 14: Abformmasse auf den Spurenträger geben

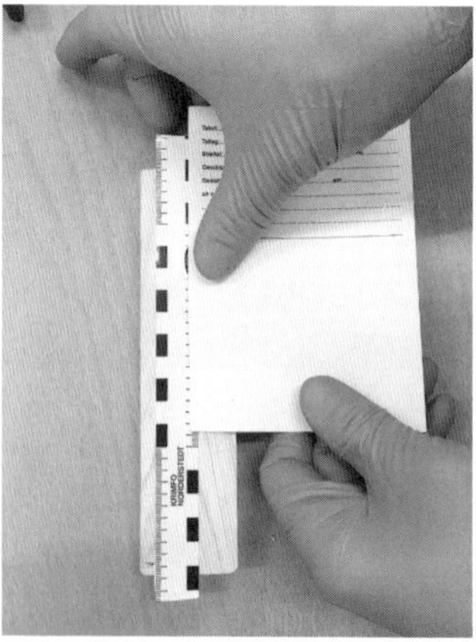

Abbildung 15: Spur einmessen und Spurenkarte andrücken. Einige Zeit warten

Abbildung 16: Spurenkarte an der Abformmasse vorsichtig abziehen

7.11 Glasspuren

Spurenart

Glasspuren können als Materialspur, Formspur und Situationsspur von kriminalistischer Bedeutung sein. Entweder verschafft sich der Täter Zugang zum Tatort oder er benutzt Gegenstände aus Glas als Tatwaffe. Somit sind Glasspuren insbesondere bei Gewaltdelikten, Einbruchsdelikten, Sachbeschädigungen, Verkehrsunfällen und zuletzt auch immer häufiger bei der Sprengung von Geldausgabeautomaten von Bedeutung.

Allgemeine Beweiskraft

Als Gruppenbeweis können Aussagen über sichergestellte Glasspuren getroffen werden wie Farbe, Struktur, Alter und Art bzw. Herkunft des Glases (Tür-/Fenster-/Verbund-/Fahrzeugglas).

Auch sind Aussagen über die Art der Beschädigung möglich. Wurde auf das Glas durch Schläge eingewirkt, wurde es beschossen oder durch thermische Einwirkung wie Brände oder Explosionen beschädigt?

Bei eingeschlagenen Scheiben kann aufgrund der Scherbenlage eine Aussage getroffen werden, von welcher Seite aus der Schlag erfolgt ist (sog. Bruchverlauf).

> → „Die dem Schlag entfernte Seite zeigt deutlich sichtbare lamellenartige Abplatzungen (Wallnerlinien). Diese Spuren fehlen auf der Fensterseite, von der aus geschlagen wurde."[41]

Eine Individualidentifizierung ist möglich, wenn zerbrochenes Glas am Tatort mit sichergestellten Glasscherben an der Person oder am Fahrzeug des Tatverdächtigen als Passspur übereinstimmt.

41 Frings/Rabe (2016), S. 11.

Konkreter Beweiswert

Durch Vergleichsuntersuchungen können am Tatverdächtigen sichergestellte Scherben mit dem (gesicherten) Glas am Tatort verglichen werden. Handelt es sich um Passstücke → Indiz, dass sich der Täter am Tatort aufgehalten hat.

Sicherung

Achtung: Mögliche Spurenkonkurrenzen (DNA, daktyloskopische Spuren) beachten!

Glasscherben von allen zerstörten Scheiben im Original sichern und einzeln verpacken:

- Kleine Stücke mit Plastikpinzette aufnehmen und in Pergamintüte/Briefumschlag geben
- Besondere Bedeutung haben Glasteile, auf denen Ziffern oder Buchstaben zu erkennen sind.
- Befinden sich Glasscherben im Schuhsohlenprofil, ist es empfehlenswert, den Schuh im Original zu sichern, ansonsten werden kleinste Partikel übersehen.

Scharfkantiges Glas sorgfältig verpacken und eindeutig als solches kennzeichnen (Verletzungsgefahr!).

Bei Glasspuren (je nach Verhältnismäßigkeit) möglichst alle Spuren sichern und Fensterrahmen zwecks Rekonstruktion ausbauen und sicherstellen.

Bei Glasspuren am Tatverdächtigen

Diese sind zu finden und möglichst zeitnah zu sichern:

- in Teilen der Bekleidung, wie Taschen, Schuhen, Falten und Nähten oder mitgeführten Gegenständen (wie Tasche, Rucksack etc.)

→ mit Plastikpinzette aufnehmen, Lage dokumentieren, Kleidung über heller Fläche vorsichtig ausschütteln, ausbürsten, bestenfalls sicherstellen und von der Fachdienststelle untersuchen lassen
→ So können auch mit dem Auge nicht sichtbare Glasspuren in der Kleidung gesichert werden.

- in den Haaren
  → vorsichtig über heller Fläche auskämmen
- in Wunden an Händen/Füßen
  → Sicherung erfolgt im Rahmen der körperlichen Untersuchung des Tatverdächtigen, ggf. durch einen Arzt.

7.12 Lackspuren

Allgemein

Lackspuren (auch Anstrichstoffspur) sind insbesondere bei Einbruchsdelikten und Verkehrsunfällen/Verkehrsdelikten von kriminalistischer Relevanz.

Spurenart

Lacksplitter sind als Situationsspur und als Materialspur von Bedeutung.

Allgemeine Beweiskraft

Anhand der Lackpartikel können Hinweise auf die genaue Farbe, die Herkunft und Zusammensetzung erlangt werden. Die Aussagen dienen als Gruppenbeweis. Eine höhere Beweiskraft kann bei Spurenkreuzungen von zwei verschiedenen Lacken (z. B. bei einer Verkehrsunfallflucht) vorliegen.

Konkreter Beweiswert

Der Kontakt von zwei lacktragenden Gegenständen (insbesondere Fahrzeugen bei Verkehrsdelikten) kann nachgewiesen werden.

Sicherung

- Zunächst fotografische Sicherung
- Genaue Dokumentation der Sicherung (z. B. bei Fahrzeugen Höhe der Anstoßstelle und Bereich des Fahrzeuges, wie Kotflügel vorne links etc.)
- Möglichst nicht mit Spurensicherungsfolie sichern
- Bei fremder Lackauftragung diese mit einem harten Gegenstand (Messer, Pinzette etc.) abschaben und in Pergamintüte geben
- Vergleichsprobe des Eigenlacks in unmittelbarer Nähe (ohne Fremdlack) nehmen und in **zweiter separater** Pergamintüte sichern

7.13 Waffenspuren

Allgemein

Als Waffen sind in diesem Zusammenhang Schusswaffen gemeint.

„Schusswaffen sind Gegenstände, die zum Angriff oder zur Verteidigung, zur Signalgebung, zur Jagd, zur Distanzinjektion, zur Markierung, zum Sport oder zum Spiel bestimmt sind und bei denen Geschosse durch einen Lauf getrieben werden.“[42]

Man unterscheidet zwischen Langwaffen (Gewehr, Büchse, Flinte) und Kurzwaffen (Pistole, Revolver).

42 Anlage 1, 1. Abschnitt, Unterabschnitt 1, Ziff. 1.1. Waffengesetz.

Spuren im Zusammenhang mit Waffen finden sich:

- an der Waffe selbst
- an der Munition (Patrone/Hülse/Geschoss)
- am Schützen
- am Opfer

Spurenart

Schusswaffen sind Situations- und Gegenstandsspuren.

Patronenhülsen und Geschosse sind Gegenstandsspuren.

Waffentypische Veränderungen, die beim Verfeuern entstehen, liegen als Formspuren vor.

An der Waffe (sowie an einzelnen Waffenteilen), am Geschoss, an der Hülse und am Schützen selbst können weitere Spuren vorhanden sein („Spurenkomplex"):

- Daktyloskopische Spuren
- DNA-Spuren
- Faserspuren
- Schmauchspuren
- Schmutzpartikel

Allgemeine Beweiskraft

Waffe: Über die Seriennummer (wenn vorhanden) können der Besitzer sowie Verkäufer und Verkaufsweg festgestellt werden.

Geschoss: Generell sind als Gruppenbeweis Aussagen über Kaliber und Material möglich.

Durch den Schuss entsteht ein charakteristischer Abdruck auf dem verfeuerten Geschoss. Durch Abgleich mit der zentralen Waffensammlung des BKA ist die Aussage möglich, mit welcher Waffe dieses verschossen wurde (Gruppenbeweis). Ist eine potenzielle Tatwaffe vorhanden, kann durch Abgleich festgestellt werden, dass das Geschoss mit dieser Waffe verfeuert wurde (Individualbeweis).

Hülse/Munition: Generell sind als Gruppenbeweis Aussagen über Kaliber, Hersteller und Material möglich.

Wenn eine fragliche Waffe vorhanden ist, kann (als Individualbeweis) zweifelsfrei festgestellt werden, ob die Munition aus dieser verfeuert wurde, da hierbei durch Schlagbolzen und Auswurf charakteristische Zeichnungen auf der Hülse entstehen. Durch Abgleich mit der zentralen Tatmunitionssammlung beim BKA ist die Aussage möglich, ob Hülsen der gleichen Waffe bereits an einem anderen Tatort gefunden wurden.

Konkreter Beweiswert

Waffe: Dieser ist in Kombination mit den anderen Spuren anzusehen. Werden Geschosse und Hülsen am Tatort gefunden, kann nachgewiesen werden, dass diese aus der Waffe abgefeuert wurden. Eine Aussage zum Schützen kann dann über daktyloskopische und DNA-Spuren an der Waffe bzw. an den Waffenteilen getätigt werden. Finden sich diese Spuren an Bauteilen im Inneren der Waffe, kann dies einen regelmäßigen Gebrauch bzw. Besitz bedeuten.

Geschoss: Die Anzahl der gefundenen Geschosse erlaubt die Aussage, wie oft geschossen wurde; die Art der Geschosse lässt Rückschlüsse zu, ob diese aus derselben Waffe stammen bzw. mit wie vielen Waffen geschossen wurde. Ist das Geschoss in einen bzw. mehrere Gegenstände eingedrungen und existiert ein Schusskanal, kann eine Schussrichtungsbestimmung durchgeführt werden.

Hülse: Die Anzahl der Hülsen kann beweisen, wie oft geschossen wurde; die Lage der Hülsen lässt Rückschlüsse auf den Stand des Schützen (Hülsen werden meist nach rechts aus der Waffe ausgeworfen) zu.

Sicherung von Waffen

(Fotografische) Dokumentation mit Maßstab

- Auffindesituation der Waffe
- Lage der Waffe
- Art der Waffe (Lang-/Kurzwaffe/Revolver/Pistole)
- Stellung des Schlagbolzens
- Stellung des Verschlusses
- Magazin/Stellung der Trommel
- Anordnung der Patronen

Da sich an der Waffe noch andere Spuren befinden können, unterbleibt jegliche Spurensicherung vor Ort.

Lediglich transportsicheren Zustand herstellen!

Sicherung von Hülsen/Munition/Geschossen

- Lage der Hülsen dokumentieren (in diesem Bereich nach weiteren Spuren suchen, dort kann sich der Schütze aufgehalten haben)
- Keine Werkzeuge aus Metall zur Sicherung verwenden (z. B. Plastikpinzette)!
- Einschlagort/Lage genau dokumentieren
- Wenn möglich, Areal um Geschoss heraustrennen und sichern

Schusswaffen/Schussspuren

- Lage der Waffe einmessen und fotografisch dokumentieren!
- Im Umfeld Ausschau nach ausgeworfenen Hülsen halten

Schmauchspur

Schmauchspuren entstehen beim Verfeuern von Munition durch Schusswaffen. Es kann somit der Nachweis darüber geführt werden, ob eine Person geschossen hat (und wenn ja, mit welcher Hand).

Spurenart

Als Situationsspur sind Aussagen über den Schützen (Verteilung an der Schusshand/Bekleidung) möglich.

Art und chemische Zusammensetzung des Schmauchs wird als Materialspur bewertet.

Suche nach Schmauch erfolgt an der Waffe, an der Munition oder in Bereichen, in denen geschossen wurde.

Sicherung von Schmauchspuren

- Grundsätzlich in einem Raum, in dem keine Waffen gelagert werden
- Durch Person, die keinen Kontakt mit Waffen hatte
- Der Sichernde sollte Einweghandschuhe verwenden/seine Hände vorher gründlich waschen.
- Hände zunächst fotografieren
- Die Sicherung erfolgt mittels Klebefolienmethode, Polyvinylmethode und REM-Tab-Methode. Da letztgenannte in der Praxis die meist verwandte ist, wird sie im Folgenden näher erläutert.

REM-Tabs: empfindlichste und aussagekräftigste Methode!

- Hände müssen trocken sein, nicht mit Tuch trockenwischen
- Sichernde Person: Handschuhe anziehen
- Schutzkappe eines REM-Trägers von der Kapsel lösen

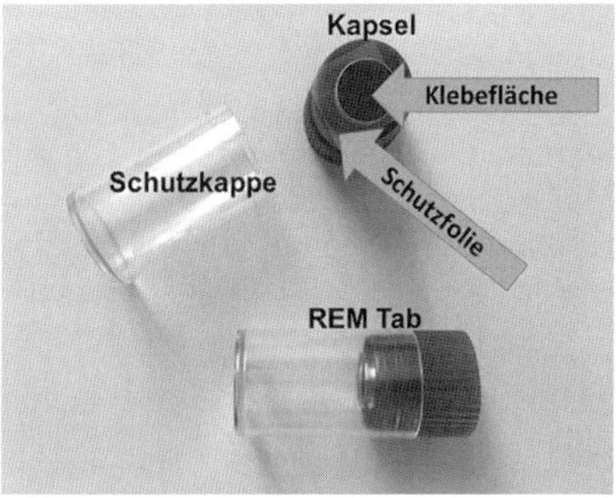

Abbildung 17: REM-Tab zur Sicherung von Schmauchspuren

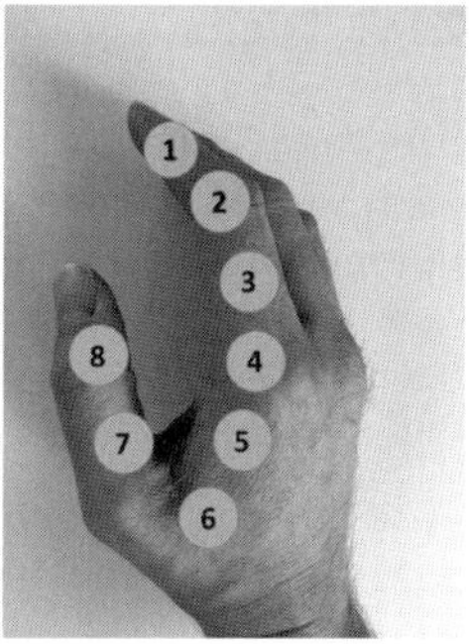

Abbildung 18: Sicherung erfolgt an acht Positionen auf der Hand

- Schutzfolie mit Pinzette von der schwarzen Klebefläche entfernen
- Darauf achten, dass die schwarze Klebefläche keine Beschädigungen/Materialdefizite aufweist

Mit **einem** REM-Tab wird die Handoberfläche im Bereich Daumen und Zeigefinger an acht verschiedenen Positionen „abgetupft“.

Mit **einem zweiten** Tab wird die Oberfläche der anderen Hand abgetupft.

- Jede Stelle sollte nur einmal abgetupft werden.
- REM-Tabs beschriften zwecks Zuordnung

7.14 Digitale Spuren

Aufgrund immer weiter voranschreitender Digitalisierung in allen Lebensbereichen nehmen digitale Spuren auch bei der Spurensicherung an Bedeutung zu! „Informations- und Kommunikations- (IUK-) oder digitale Spuren sind alle Informationen, die in binärer Form elektronisch gespeichert oder übermittelt werden."[43]

Eine klassische Einteilung in Spurenart, Beweiskraft und Beweiswert bietet sich hier nicht an.

Digitale Spuren kommen u. a. vor auf[44]:

- Computern,
- Tablets, Smartphones,
- Smart-TVs,
- externen Datenträgern wie Festplatten, USB-Sticks, DVDs, CDs,
- (WLAN-)Routern, wie „Fritz Box" o. Ä.,
- Servern (Cloud-Dienste, E-Mail-Server, Home Server),
- sonstigen Gegenständen, die Beweisrelevanz haben (wie z. B. Navigationssysteme, elektronische auszulesende Fahrzeugsysteme, Fahrzeugschlüssel).

Spurensicherung

Die Sicherung erfolgt im Rahmen des Auswertungsangriffs durch die Fachdienststelle.

Beim Sicherungsangriff kommt es darauf an, den vorgefundenen Zustand der Geräte zu erhalten, damit die beweiserheblichen Daten für das Strafverfahren zur Verfügung stehen und nicht

43 BKA, Anleitung Tatortarbeit – Spuren, Abschnitt „IuK Spuren".

44 Vgl. BKA, Anleitung Tatortarbeit – Spuren, Abschnitt „IuK Spuren".

verloren gehen. Fehler, die in diesem frühen Stadium passieren, können zum unwiderruflichen Verlust der Daten führen.

> Daher →Verkabelung, Anordnung der Geräte mithilfe von Skizzen und Fotos dokumentieren.
>
> Nach Möglichkeit zeitnah (auch fernmündlich) Kontakt mit der Fachdienststelle aufnehmen, um die weiteren Maßnahmen zu besprechen.

Sind auf Endgeräten weitere Spuren (DNA, Werkzeug- oder daktyloskopische Spuren) relevant, sind diese zuerst zu sichern bzw. die Geräte sind spurenschonend zu verpacken und entsprechend mit der Aufschrift „Spurenträger“ zu versehen. Diese „klassischen Spuren“ können Aussagen zu dem regelmäßigen Nutzer der Geräte erlauben (wie z. B. daktyloskopische Spuren auf Tastaturen oder „touch screens“ anderer Geräte).

Grundsätzlich gilt:[45]

- Zugriff auf Geräte durch beteiligte Personen verhindern
- Zustand der Geräte ermitteln, dokumentieren und beibehalten
- Fotos vom Bildschirm und von den Geräten, Verkabelung, Anschlussarten fertigen (Systemzeit überprüfen und abgleichen)
- Eingeschaltetes bleibt eingeschaltet.
- Ausgeschaltetes bleibt ausgeschaltet.
- Smartphone/Tablets in Flugmodus versetzen
- Nach potenziellen weiteren Speichermedien suchen (USB-Sticks, Netzwerk-Festplatten, Cloud-Dienste)

45 Vgl. Ministerium für Inneres und Kommunales des Landes Nordrhein-Westfalen (2015), S. 40.

- Netzteile/Ladegeräte ebenfalls sicherstellen
- Passwörter/Zugangsdaten für Endgeräte, Accounts etc. erfragen, in näherer Umgebung z. B. Schreibtisch o. Ä. suchen
- Einverständnis nach § 110 StPO zur Durchsicht der Geräte einholen.

Verpackung und Transport

- Kälte und Hitze vermeiden
- Geräte in Papiertüten verpacken
- Trocken aufbewahren
- Mobile Geräte in speziellen Behältnissen (sog. „Faraday-Bags“) verpacken, um einen Fernzugriff zu vermeiden. Diese sind meist über die Fachdienststelle oder den Kriminaldauerdienst/Kriminalwache zu bekommen.
- Gerät wenn möglich für den Transport an Spannungsversorgung (z. B. Powerbanks) anschließen
- Gerät in der Dienststelle an Ladekabel anschließen
- Keine magnetischen Gegenstände in der Nähe aufbewahren

8 Rechtliche Aspekte bei der Tatortarbeit

Die folgende Übersicht zeigt die möglichen strafprozessualen Ermächtigungsnormen auf, die bei der Tatortarbeit von Relevanz sein können.

§ 163 StPO
Grundsätzliche Ermächtigung zum Handeln am Tatort/zur Erforschung des Sachverhaltes

§ 163b Abs. 1 StPO
Identitätsfeststellung beim Verdächtigen (Treffen der erforderlichen Maßnahmen zur Feststellung der Identität)

§ 163b Abs. 2 StPO
Identitätsfeststellung beim Unverdächtigen

§ 163c StPO
Dauer des Festhaltens der Personen zur Identitätsfeststellung

§ 164 StPO
Festnahme von Störern – somit auch die Sicherung des Tatortes gegen Störer

§§ 163a, 136, 52, 55 StPO
Befragung zum Sachverhalt

§§ 102, 103 StPO
Durchsuchung (Achtung! 2021 wurde die Durchsuchung von Räumen zur Nachtzeit gem. § 104 StPO geändert → 21:00 – 06:00 Uhr)

§§ 94, 98 StPO
Sicherstellung/Beschlagnahme von Beweismitteln/Spuren/Absperrung des Tatortes

§ 81a StPO
Körperliche Untersuchung beim Beschuldigten (z. B. Entnahme von Blutproben, Entkleiden des Beschuldigten zur Dokumentation von Verletzungen, Absuche von Spuren)

§ 81c StPO
Körperliche Untersuchung anderer Personen Spurensuche (z. B. Entnahme von Blutproben, Entkleiden des Beschuldigten zur Dokumentation von Verletzungen, Absuche von Spuren)

§ 81e StPO
Sicherung von Tatortspuren zwecks DNA-Analyse, Feststellungen über Augen-, Haar- und Hautfarbe sowie das Alter der Person an aufgefundenem, sichergestelltem Material

8.1 Belehrung angetroffener Personen

Werden am Tatort Personen angetroffen, sind diese vor der ersten Befragung durch Polizeibeamte zu belehren. Die Belehrung richtet sich nach dem rechtlichen Status der Person. Beschuldigte sind gemäß § 136 StPO vor jeder Vernehmung (ggf. erneut) zu belehren.

Die korrekte Belehrung sowie deren Dokumentation sind gerade zu Beginn der Ermittlungen von entscheidender Bedeutung. Beteiligte Personen stehen insbesondere am Tatort noch unter dem Eindruck des Geschehens und sind in dieser Phase womöglich eher bereit, auszusagen.

Wird dann allerdings nicht korrekt belehrt und die Person im weiteren Verlauf vorgeladen, muss eine qualifizierte Belehrung erfolgen, was zur Folge hat, dass u. U. die Aussagen vom Tatort nicht mehr verwertbar sind.

Qualifizierte Belehrung bedeutet, dass der Beschuldigte über seine Rechte (s.u.) mit dem Zusatz belehrt wird, dass seine vorangegangenen Äußerungen im Verfahren nicht verwertet werden.

→Entscheidend ist, dass die betroffene Person die Belehrung verstanden hat. Es sind also Formulierungen zu wählen, die dem Alter, dem Bildungsstand und der Auffassungsgabe der Person entsprechen. Dass die Belehrung verstanden wurde, muss dokumentiert werden.

→**Zeuge** ist, wer Angaben zu einem kriminalistisch relevanten Sachverhalt machen kann und gegen den sich das Verfahren nicht richtet.

Er ist verpflichtet, bei der Staatsanwaltschaft, bei Gericht sowie nach Auftrag der Staatsanwaltschaft auch bei der Polizei zu erscheinen und auszusagen.

→ „**Beschuldigter** ist derjenige, gegen den sich das Verfahren richtet und gegen den mit dem Ziel der Anklageerhebung ermittelt wird."[46] Eine Pflicht zur Aussage besteht weder bei der Polizei noch bei Staatsanwaltschaft oder vor Gericht. Einzig Angaben zur Person muss der Beschuldigte machen, die Verweigerung ist nach § 111 Ordnungswidrigkeitengesetz (OWiG) mit einer Geldbuße bedroht.

46 Pientka (2017), S. 73.

Beschuldigter § 163a Abs. 4, § 136 StPO	**Zeuge** §§ 52, 55, 57 StPO (insbes.)
■ Die zur Last gelegte Tat *(Strafrechtsnorm ist nicht erforderlich)* ■ Keine Pflicht, Angaben zur Sache machen ■ Kann einen Anwalt konsultieren *(dabei muss er aktiv unterstützt werden)* ■ Hat unter den Voraussetzungen der „notwendigen Verteidigung“ gemäß § 140 StPO Recht auf einen Pflichtverteidiger → Muss aber bei einer späteren möglichen Verurteilung die entstandenen Kosten für den Verteidiger tragen (§ 465 StPO) ■ Kann Beweisanträge stellen („etwas für seine Verteidigung tun“, z. B. Zeugen benennen) ■ Belehrung verstanden? ■ Dokumentieren!	■ Dem Zeugen muss der Untersuchungsgegenstand bekannt sein (§ 69 StPO). ■ Der Zeuge muss befragt werden, ob zum Beschuldigten ein Familienverhältnis besteht. → Zeugnisverweigerungsrecht gem. § 52 StPO ■ Der Zeuge muss sich selbst und nahe Verwandte nicht belasten. → Auskunftsverweigerungsrecht gem. § 55 StPO ■ Bei bestimmten Berufen des Zeugen stehen diesem ggf. besondere Aussageverweigerungsrechte zu. → §§ 53, 53a, 54 StPO ■ Sollte keine wissentlich falschen Angaben machen (§ 57 StPO – Aussagedelikte gelten nur vor Gericht, ansonsten falsche Verdächtigung – § 164 StGB, Strafvereitelung – §§ 258, 258a StGB oder Vortäuschen einer Straftat – § 145d StGB) ■ Ist der Zeuge gleichzeitig Opfer? Besonderheiten (s.u.) beachten ■ Belehrung verstanden? ■ Dokumentieren!

Werden am Tatort Opfer einer Straftat angetroffen, sind neben den Pflichten zur Ersten Hilfe, Versorgung und Betreuung bei einer Befragung zum Sachverhalt zunächst die rechtlichen Belehrungspflichten als Zeuge (s. o.) zu beachten.

Zur Stärkung der Rechte von Opfern im Strafverfahren bestehen aber außerdem, insbesondere im Rahmen der späteren Vernehmung, umfangreiche Belehrungspflichten, die sich auf Benachrichtigungs-, Betreuungs- und Informationspflichten beziehen, die es dem Opfer einer Straftat ermöglichen sollen, sich in einem juristisch-bürokratisch geprägten Verfahren zurechtzufinden und die nötige (psychische) Unterstützung zu bekommen, die erforderlich ist.

Hierzu zählen neben den o.g. Regelungen zur Belehrung von Zeugen insbesondere:

- Auskunftsrechte über den Verfahrensstand und Akteneinsichtsrechte (§§ 406d, 406e StPO)
- Recht auf Verletztenbeistand und psychosoziale Prozessbegleitung (§§ 406f–h StPO)
- Unterrichtungs- und Informationsansprüche (§§ 406i–l StPO)

Um bereits auch schon vor Ort dem Geschädigten einer Straftat nach der ersten Befragung zum Sachverhalt die notwendigen Informationen zur Unterstützung zukommen zu lassen, sei als Empfehlung an dieser Stelle auf die „Opferfiebel" des Bundesministeriums der Justiz hingewiesen. Sie gibt einen ausführlichen Gesamtüberblick über den Ablauf eines Strafverfahrens und stellt die Rechte als Opfer im Strafverfahren anschaulich dar. Sie ist kostenlos abrufbar unter:
https://www.bmj.de/SharedDocs/Publikationen/DE/Opferfibel.html

8.2 Besonderheiten bei minderjährigen Personen

Ein professioneller Umgang mit minderjährigen Zeugen oder Beschuldigten im Strafverfahren setzt Fachwissen und Erfahrung voraus, da hierbei u. a. besondere Regelungen (wie z. B. die Polizeidienstvorschrift – PDV 382) zu beachten sind. Deshalb werden Vernehmungen sowie weitere Ermittlungen vorwiegend durch besonders geschulte Polizeibeamte durchgeführt. Da aber auch am Tatort minderjährige Personen angetroffen und u. U. als Zeugen oder Beschuldigte kurzfristig zum Sachverhalt befragt werden müssen, werden die rechtlichen Besonderheiten im Folgenden kurz skizziert.

Folgende Altersgrenzen sind beim polizeilichen Umgang mit minderjährigen Personen relevant:

Kinder	bis 14 Jahre
Jugendliche	14–18 Jahre
Heranwachsende	18–21 Jahre (gelten nicht als minderjährig)

Kinder:

- Kinder sind schuldunfähig und können somit nur Zeugen, jedoch nicht Beschuldigte in einem Strafverfahren sein: § 19 StGB i. V. m. § 2 Abs. 2 JGG
- Da sie somit auch keine Aussagedelikte begehen können, ist eine förmliche Belehrung über Beschuldigtenrechte nach den Vorschriften der StPO nicht vorgesehen. Eine kindgerechte Mahnung zur Wahrheit ist angemessen.
- Die Vorladung zu einer Vernehmung hat sich an die Erziehungsberechtigten zu richten.
- Ob das Kind bei einer Vernehmung aussagt, entscheiden die Eltern. Sie haben bei Vernehmungen ein Anwesenheitsrecht.

Dies gilt nicht, wenn die Eltern tatverdächtig sind, in dem Fall ist ein Ergänzungspfleger zu bestellen (§ 1909 BGB).

Jugendliche:

- Jugendliche sind grundsätzlich strafrechtlich verantwortlich: § 3 JGG
- Inhaltlich gleicht die Belehrung derjenigen für erwachsene Zeugen oder Beschuldigte. Die Belehrung muss in einer Weise erfolgen, die dem Alter sowie Entwicklungs- und Bildungsstand entspricht, §§ 70b, 70c JGG.
  Der Jugendliche ist, sobald er Beschuldigter ist, über die Grundzüge des Jugendstrafverfahrens zu informieren (§ 70a JGG).
- Die Belehrung ist auch an die gesetzlichen Vertreter zu richten. Wenn diese nicht anwesend sind, muss sie schriftlich erteilt werden.
- Bei Vernehmungen haben die Erziehungsberechtigten grundsätzlich ein Anwesenheitsrecht (§ 67 JGG). Darüber ist der Jugendliche zu belehren. Eine Vorlage für diese Belehrung ist im Internet abrufbar: https://www.justiz.nrw.de/BS/formulare/strafsachen/index.php
- Die Vorladung zu einer Vernehmung hat sich an die Erziehungsberechtigten zu richten. Lebt der Jugendliche nicht mit den Erziehungsberechtigten in einer häuslichen Gemeinschaft, ist die Vorladung direkt an den Jugendlichen zu richten. Die Erziehungsberechtigten müssen zeitgleich informiert werden.

8.3 Vorläufige Festnahme am Tatort

Wird ein Tatverdächtiger am Tatort oder im näheren Umfeld im Rahmen der Fahndung angetroffen und festgenommen, sind § 127 Abs. 2 i. V. m. §§ 112, 112a StPO einschlägig. Sie regeln die vorläufige Festnahme.

§ 127 Abs. 2 StPO
Die Staatsanwaltschaft und die Beamten des Polizeidienstes sind bei Gefahr im Verzug auch dann zur vorläufigen Festnahme befugt, wenn die Voraussetzungen eines Haftbefehls oder eines Unterbringungsbefehls vorliegen.

Gefahr im Verzug:
Besteht, wenn die Festnahme infolge der Verzögerung gefährdet wäre, die durch das Erwirken eines richterlichen Haft- oder Unterbringungsbefehls eintreten würde. Das beurteilt der Beamte aufgrund pflichtgemäßer Prüfung der Umstände des Falles, soweit sie ihm zur Zeit seines Einschreitens erkennbar sind.[47]

Gefahr im Verzug kann nur vorliegen, wenn die Festnahme spontan vor Ort durchgeführt wird. Sie ist hingegen nicht zu begründen, wenn die Maßnahme geplant und taktisch vorbereitet wird![48]

§ 112 Abs. 1 StPO
Die Untersuchungshaft darf gegen den Beschuldigten angeordnet werden, wenn er der Tat dringend verdächtig ist und ein Haftgrund besteht. Sie darf nicht angeordnet werden, wenn sie

47 Vgl. Meyer-Goßner/Schmitt (2022), § 127 Rn. 19.
48 Vgl. Bialon/Springer (2014), S. 118.

zu der Bedeutung der Sache und der zu erwartenden Strafe oder Maßregel der Besserung und Sicherung außer Verhältnis steht.

Als Haftgründe kommen in Betracht:

- Flucht/Verborgen halten (§ 112 Abs. 2 Nr. 1 StPO)
- Fluchtgefahr (§ 112 Abs. 2 Nr. 2 StPO)
- Verdunkelungsgefahr (§ 112 Abs. 2 Nr. 3 StPO)
- „Absoluter Haftgrund" (§ 112 Abs. 3 StPO)
- Wiederholungsgefahr (§ 112a StPO)

Mindestens einer dieser Haftgründe muss vorliegen und im Rahmen der Haftsachenbearbeitung herausgearbeitet werden. Eine abschließende Beurteilung ist am Tatort nicht immer möglich.

→Gemäß § 128 StPO ist der Festgenommene unverzüglich dem Richter vorzuführen (spätestens am Tag nach der Festnahme).

→Gemäß § 114b StPO ist die festgenommene Person **unverzüglich** schriftlich und ggf. zudem mündlich in der Sprache des Festgenommenen über ihre Rechte zu belehren. Eine schriftliche Fassung ist ihr auszuhändigen. Wird der Zweck der Festnahme hierbei nicht erheblich gefährdet, sind ihre Angehörigen oder eine Person des Vertrauens zu verständigen. Der festgenommenen Person sind Informationen zur Verfügung zu stellen, die es ihr erleichtern, Kontakt zu einem Verteidiger aufzunehmen.

Es ist empfehlenswert, die schriftliche Belehrung mit dem Festgenommenen gemeinsam durchzugehen und Unklarheiten/Verständnisfragen direkt zu klären (sowie zu dokumentieren).

Die schriftliche Belehrung muss vom Festgenommenen anschließend unterschrieben werden. Das Verweigern der Unterschrift ist ebenfalls zu dokumentieren.

In der Regel erfolgt die schriftliche Belehrung einer vorläufig festgenommenen Person durch die kriminalpolizeiliche Sachbearbeitung. Da dies in Einzelfällen aber auch vor Ort bzw. durch die festnehmenden Beamten möglich ist, kann die nachfolgend abgedruckte Vorlage verwendet werden. Diese wird durch das Justizministerium des Landes NRW zur Verfügung gestellt (https://www.justiz.nrw.de/BS/formulare/strafsachen/index.php).

Sie sind vorläufig festgenommen worden. Sie haben folgende Rechte:

1. Sie haben das Recht zu wissen, welcher Tat Sie verdächtigt werden und aus welchem Grund Sie festgenommen wurden.
2. Sie sind unverzüglich, spätestens aber am Tag nach ihrer Festnahme, dem Gericht vorzuführen, das Sie zu vernehmen und über Ihre weitere Freiheitsentziehung zu entscheiden hat, wenn Sie nicht zuvor freigelassen werden.
3. Sie können sich zu den gegen Sie erhobenen Vorwürfen äußern oder nicht zur Sache aussagen. Fragen nach Ihren Personalien müssen Sie allerdings wahrheitsgemäß beantworten (jedenfalls Name, Anschrift, Geburtsdatum). Ansonsten kann nach § 111 Gesetz über Ordnungswidrigkeiten (OWiG) eine Geldbuße gegen Sie verhängt werden.
4. Sie können zu Ihrer Entlastung einzelne Beweiserhebungen beantragen.
5. Sie können jederzeit, auch schon vor einer Vernehmung, auf eigene Kosten eine Verteidigerin oder einen Verteidiger Ihrer Wahl befragen. Auf Wunsch erhalten Sie Informationen, die es Ihnen erleichtern, Kontakt mit einer Verteidigerin oder einem Verteidiger oder einem Verteidigernotdienst aufzunehmen. Dies gilt unabhängig davon, ob Sie selbst eine Verteidigerin oder einen Verteidiger beauftragen

möchten oder ob Ihnen eine Pflichtverteidigerin oder ein Pflichtverteidiger beigeordnet werden soll.

6. Haben Sie noch keine Verteidigerin bzw. keinen Verteidiger, ist Ihnen in Fällen der notwendigen Verteidigung (insbesondere bei schwerwiegenden Tatvorwürfen oder bei Vorführung vor ein Gericht zur Entscheidung über Untersuchungshaft und bei der Vollstreckung von Untersuchungshaft) auf Ihren Antrag bereits im Ermittlungsverfahren eine Pflichtverteidigerin/ein Pflichtverteidiger zu bestellen.

   Ein Fall der notwendigen Verteidigung liegt vor, sobald die Entscheidung getroffen wird, dass Sie nicht wieder freigelassen, sondern einem Gericht zur Entscheidung über Haft oder einstweilige Unterbringung vorgeführt werden sollen. Wenn Sie in diesem Fall nicht auf eigene Kosten eine Verteidigerin oder einen Verteidiger hinzuziehen, muss das Gericht – in eiligen Fällen die Staatsanwaltschaft – Ihnen in der Regel spätestens vor Ihrer Vernehmung oder Gegenüberstellung eine Pflichtverteidigerin oder einen Pflichtverteidiger bestellen, ohne dass Sie dies beantragen müssen. Unabhängig davon können Sie die Bestellung einer Pflichtverteidigerin oder eines Pflichtverteidigers jederzeit schriftlich oder mündlich gegenüber Polizei oder Staatsanwaltschaft beantragen.

   Erfolgt die Vorführung zur Entscheidung über den Erlass eines Haftbefehls im sogenannten beschleunigten Verfahren, in dem die Durchführung einer Hauptverhandlung binnen einer Woche nach der Festnahme zu erwarten und der Haftbefehl entsprechend auf höchstens eine Woche zu befristen ist, wird eine Pflichtverteidigerin oder ein Pflichtverteidiger nur bestellt, wenn Sie dies ausdrücklich beantragen.

   Über den Antrag hat das Gericht unverzüglich, spätestens aber vor einer Vernehmung oder einer Gegenüberstellung,

Rechtliche Aspekte

zu entscheiden. Vor Erhebung der Anklage ist der Antrag bei den Behörden oder Beamten des Polizeidienstes oder bei der Staatsanwaltschaft schriftlich oder mündlich anzubringen. Sie können dem Gericht, das Ihnen im Falle der notwendigen Verteidigung hierzu Gelegenheit zur Stellungnahme einräumen wird, eine Verteidigerin oder einen Verteidiger benennen, die oder der Ihnen beigeordnet werden soll. Auf Ihre Kostentragungspflicht im Falle der Verurteilung oder der Anordnung einer Maßregel der Besserung und Sicherung wird vorsorglich hingewiesen.

7. Sie können die Untersuchung durch eine Ärztin oder einen Arzt Ihrer Wahl auf eigene Kosten verlangen.
8. Sie können eine Angehörige oder einen Angehörigen oder eine sonstige Person Ihres Vertrauens von der Festnahme benachrichtigen, soweit der Zweck der Untersuchung dadurch nicht erheblich gefährdet wird.
9. Ihre Verteidigerin/Ihr Verteidiger kann Einsicht in die Ermittlungsakten und die Besichtigung von amtlich verwahrten Beweisstücken beantragen. Wenn Sie keine Verteidigerin/keinen Verteidiger haben, können Sie selbst beantragen, die Akten einzusehen und unter Aufsicht amtlich verwahrte Beweisstücke zu besichtigen. Dies wird Ihnen gewährt, soweit der Untersuchungszweck auch in einem anderen Strafverfahren nicht gefährdet werden kann und überwiegende schutzwürdige Interessen Dritter nicht entgegenstehen. Werden die Akten nicht elektronisch geführt, können Ihnen an Stelle der Einsichtnahme in die Akten Kopien aus den Akten bereitgestellt werden.
10. Wenn das Gericht nach der Vorführung einen Haft- oder Unterbringungsbefehl erlässt, können Sie Beschwerde einlegen oder eine Prüfung des Haft- bzw. Unterbringungsbefehls und eine mündliche Verhandlung beantragen. Gegen Beschränkungen, die Ihnen für die Haft oder Unterbrin-

gung auferlegt wurden, sowie gegen Entscheidungen oder Maßnahmen im Vollzug der Untersuchungshaft oder Unterbringung können Sie gerichtliche Entscheidung beantragen, soweit nicht bereits eine gerichtliche Entscheidung vorliegt und dagegen das Rechtsmittel der Beschwerde statthaft ist.

Haben Sie eine ausländische Staatsangehörigkeit, können Sie zudem die Benachrichtigung des zuständigen Konsulats Ihres Heimatlandes verlangen, sofern diese nicht aufgrund einer völkerrechtlichen Verpflichtung von Amts wegen, also auch ohne oder gegen Ihren Willen, erfolgt. Sie können dem Konsulat Mitteilungen zukommen lassen.

Sind Sie der deutschen Sprache nicht hinreichend mächtig, können Sie im Verfahren die Hinzuziehung einer Person, die für Sie dolmetscht oder übersetzt, verlangen. Sind Sie hör- oder sprachbehindert, kann die Verständigung nach Ihrer Wahl auch in anderer Weise mündlich, schriftlich oder mithilfe einer die Verständigung ermöglichenden Person erfolgen. Für die mündliche oder schriftliche Verständigung werden Ihnen die geeigneten technischen Hilfsmittel zur Verfügung gestellt. Wenn Sie keine Verteidigerin/keinen Verteidiger haben, sind Ihnen in der Regel schriftliche Übersetzungen von freiheitsentziehenden Anordnungen sowie von Anklageschriften, Strafbefehlen und nicht rechtskräftigen Urteilen zur Verfügung zu stellen. Dies ist für Sie jeweils unentgeltlich, es sei denn, Sie haben die dadurch entstandenen Auslagen durch schuldhafte Säumnis oder in sonstiger Weise schuldhaft unnötig verursacht.

Ein Blatt mit den vorstehenden Belehrungen ist mir heute ausgehändigt worden.

( ) Ich bin zudem mündlich belehrt worden.

( ) Ich habe die Belehrung verstanden.

Bei Jugendlichen ist neben einer besonderen Prüfung der Verhältnismäßigkeit zudem zu beachten, dass die Untersuchungshaft gem. § 72 JGG nur verhängt und vollstreckt werden darf, wenn ihr Zweck nicht durch eine vorläufige Anordnung über die Erziehung (§ 71 JGG) oder durch andere Maßnahmen erreicht werden kann.

Ein Formular zur Belehrung von vorläufig festgenommenen Personen im Jugendstrafverfahren ist in verschiedenen Sprachen z. B. unter folgendem Link abrufbar:
https://www.justiz.nrw.de/BS/formulare/strafsachen/merkblaetter_jugendstrafverfahren/04_Belehrung-von-vorlaeufig-festgenommenen-Personen/index.php

9 Schriftliche Arbeiten/Berichte

Bei herausragenden Delikten ist von **jedem** Beamten, der sich am Tatort aufgehalten hat, ein Bericht zu fertigen. Dieser enthält mindestens:

- Durchgeführte Maßnahmen
- Vorgenommene Veränderungen

9.1 Tatortbefundbericht

„Tatortbefundbericht, auch Tatbefundbericht, gemäß PDV 100 ist die schriftliche Fixierung von Ablauf und Ergebnis des ersten Angriffs.“[49] Dazu bietet sich folgende Gliederung an:

1. Allgemeines

   Kenntnis des Ereignisses (Uhrzeit, durch wen für was alarmiert, mit wem den Einsatz wahrgenommen, ggf. welche Anweisungen wurden durch wen bereits an den Melder gegeben?)

   Eintreffzeit

   ggf. Anfahrtsweg der Einsatzkräfte

   Witterung

   Welche Kräfte sind/waren vor Ort?

2. Objektiver Befund

   Beschreibung der Örtlichkeit. Es empfiehlt sich die Gliederung in einen weiteren und einen näheren Tatort (Details hierzu siehe *Kapitel 6.2*).

49 Wirth (2021), S. 619.

3. Subjektiver Befund

   Zusammenfassung der Aussagen und evtl. Reaktionen/Verhaltensweisen der angetroffenen Personen (Tatverdächtige, Zeugen, Opfer, Auskunftspersonen etc.) am Ort des Geschehens

4. Schlussfolgerung

   Zusammenfassung des bis dahin feststehenden Ermittlungsergebnisses, wie sich die Tat demnach zugetragen haben könnte und wer als Tatverdächtiger infrage kommt. Diese Schlussfolgerung ist strikt von den Erhebungen des subjektiven und objektiven Befunds zu trennen.

5. Maßnahmen

   Aufzählung der durchgeführten, veranlassten und noch zu veranlassenden Maßnahmen

   Zeit der Beendigung der Maßnahmen vor Ort

9.2 Spurensicherungsbericht

Der Spurensicherungsbericht dient dazu, die aufgefundenen und gesicherten Spuren am Tatort für die Ermittlungsakte zu dokumentieren. Es existieren in den einzelnen Bundesländern verschiedene Formulare der Vorgangssysteme, in denen der Spurensicherungsbericht integriert ist. So können in diesen Systemen Spuren einzeln eingetragen und mit anderen Objekten in einem Fall verknüpft werden. Deswegen wird hier lediglich auf die Inhalte eingegangen, die ein formloser Spurensicherungsbericht in jedem Fall enthalten sollte:[50]

- Spur
- Spurennummer
- Auffindeort

50 Vgl. Wirth (2021), S. 579.

- Lage
- Form
- Größe
- Beschaffenheit
- Sichernde Person
- Methode der Spurensicherung
- Veränderungen durch die Sicherung
- Ergebnisse der operativen Spurensicherung
- Verbleib der gesicherten Spur

Da die weitere Spurenbearbeitung (Auswertung, Vergleichsarbeit im Labor oder Weiterleitung an die Landeskriminalämter oder weitere externe Institute/Sachverständige) meist durch Personen erfolgt, die nicht mit der Sicherung vor Ort betraut waren, ist es wichtig, dass die Informationen zur Spur vollständig sind. So kann sichergestellt werden, dass die Spuren adäquat behandelt, ggf. aufbereitet und vollständig ausgewertet werden.

10 Mögliche Fehlerquellen

10.1 Allgemein

- Tatort wird unter Zeitdruck aufgenommen und zu früh beendet. → Relevante Informationen werden nicht erhoben.
- Fehlerhafte Kommunikation vor Ort, Hektik („Ich dachte, Du hast das gemacht...“) → Maßnahmen werden nicht oder doppelt ergriffen.

10.2 Subjektiv

- Tatablauf/Informationen der zuerst Befragten werden unterbewusst übernommen. → Die Ermittlungen werden in eine Richtung gelenkt, weitere Tatversionen werden außer Acht gelassen.
- Beteiligte werden nicht frühzeitig und ausreichend belehrt. → Aussagen vor Ort sind ggf. im weiteren Verfahren nicht mehr verwertbar.
- Zeugen im weiteren Umfeld werden nicht ermittelt. → Die Bereitschaft, sich im Nachhinein an die Polizei zu wenden, ist gering. Wichtige Aussagen können verloren gehen.
- Zeugen werden nicht frühzeitig getrennt. → Es erfolgt bereits am Tatort eine Absprache; die Aussagen in späteren Vernehmungen können wertlos sein.
- Erreichbarkeit (auch mobil) von Zeugen wird fehlerhaft sichergestellt. → Eine spätere Kontaktaufnahme wird dadurch erschwert.

10.3 Objektiv

- Tatort wird nicht weiträumig genug abgesperrt. → Mögliche Spuren werden nicht erkannt/vernichtet.
- Tatort wird nicht ausführlich genug dokumentiert/beschrieben. → Bestimmte Situationsspuren gehen verloren und können im Nachhinein nicht mehr rekonstruiert werden. → Spuren werden als solche nicht erkannt oder ihnen wird keine Wichtigkeit zugesprochen.
- Die Dokumentation am Tatort ist nicht ausführlich genug. Bei der späteren Fertigung der abschließenden Schriftlage (Anzeige, Spurensicherungsbericht, Tatbefundbericht etc.) kommt es zu sinngemäßen Ergänzungen oder aber Details, die später nicht für wichtig erschienen, werden nicht übernommen und gehen somit verloren.[51]
- Die Identität am Tatort angetroffener Personen/vorgefundener Leichen bei Todesermittlungen wird nur oberflächlich mit dem ausgehändigten/vorgefundenen Ausweisdokument abgeglichen.
- Die Leiche wird im Rahmen der Leichenschau nicht komplett entkleidet. Dadurch werden mögliche Anzeichen/Verletzungen, die auf ein Fremdverschulden hindeuten, nicht erkannt.[52]
- Trugspuren werden gelegt und nicht dokumentiert.
- Mit Spuren/Gegenständen werden vor Ort Versuche/Rekonstruktionen durchgeführt. → Der ursprüngliche Zustand wird verändert, es werden Trugspuren gelegt. Die spätere Auswertung kann dadurch fehlerhaft werden.

51 Vgl. Ackermann/Clages/Roll (2022), S. 165.
52 Vgl. Mätzler/Wirth (2022), S. 28.

- Asservate werden aufgrund mangelnder Kommunikation bzw. nicht klar geregelter Verantwortlichkeiten am Tatort liegen gelassen, vermischt, verwechselt oder kommen abhanden.
- Asservate werden zur Anschauung bzw. aus Interesse zwischen den am Einsatzort eingesetzten Beamten gezeigt/herumgereicht. Eine lückenlose Dokumentation ist dadurch nicht mehr möglich, Trugspuren werden gelegt bzw. Tatspuren werden vernichtet.

11 Ausgewählte Tatorte

In den nachfolgenden Übersichten werden für ausgewählte Delikte/Tatorte Besonderheiten aufgezeigt. Allgemeine Ausführungen zur Tatortaufnahme gelten hier ebenso, werden aber nicht erneut aufgeführt. Siehe dazu die Ausführungen in *Kapitel 2*.

11.1 Tötungsdelikte

Allgemein

Tötungsdelikte werden mit größtmöglichem Personalaufwand (im Rahmen von Sonder-, Ermittlungs- oder Mordkommissionen) und größtmöglicher Sorgfalt bearbeitet, da das öffentliche Interesse bei solchen Delikten erwartungsgemäß sehr groß ist. Daher sollte hier bereits **frühestmöglich** Kontakt mit der Fachdienststelle aufgenommen werden, die dann möglichst zeitnah Kräfte zum Tatort entsenden kann.

Alle Maßnahmen am Tatort sollten nach Möglichkeit nur nach entsprechender Absprache erfolgen.

Objektiv

- Tatort weiträumig absperren
- Anzahl der Personen, die den Tatort betreten, auf nötigstes Mindestmaß reduzieren und dokumentieren
- Jede Veränderung am Tatort genau dokumentieren
- Sollten der sofortige Schutz oder eine Notsicherung von flüchtigen Spuren erforderlich werden, sind diese nur in Absprache mit der Fachdienststelle durchzuführen.

- Ansonsten keine Spuren anfassen oder aus der Nähe betrachten
- Leiche so belassen wie sie vorgefunden wurde (Ausnahme: Maßnahmen zur Feststellung, ob erste Hilfe erforderlich ist)

Bei Tatverdächtigen

- Frühestmöglich Kleidung sicherstellen und einzeln getrennt in Papiertüten verpacken
- Hände für die spätere erkennungsdienstliche Behandlung in Papiertüten einwickeln
- Bei Vorliegen der rechtlichen Voraussetzungen eine Blutprobe entnehmen lassen

Subjektiv

- Feststellen **aller** am Tatort angetroffenen Personen mit vollständigen Personalien (insbes. Mobiltelefonnummer) und Vornehmen einer ersten Kategorisierung (Täter, Opfer, Tatzeuge oder „nur" Schaulustige) → Kurzfristige Erreichbarkeit/Verfügbarkeit für mögliche Vernehmungen muss sichergestellt sein! → Auch wenn diese erst nach Eintreffen der Polizei am Tatort erscheinen.
- Zeugen trennen und zwecks Vernehmung zur Dienststelle fahren
- Keine Personen vor Ort ohne Anhörung/Vernehmung und ohne Absprache mit der Fachdienststelle „entlassen"
- Ggf. eine Zeugensammelstelle vor Ort einrichten
- Keine Informationen an interessierte Bürger geben
- Keine Informationen an Medien geben
- Zeitnah Kontakt mit der Pressestelle herstellen (Wird ein Mitarbeiter zum Tatort entsandt? Wer ist Ansprechpartner für Presseanfragen?)

- Keine lauten Gespräche über das Tatgeschehen führen oder Mutmaßungen äußern, die durch Unbeteiligte/Medienvertreter mitgehört werden könnten
- Fertigung von Ermittlungsberichten/Aktenvermerken durch jeden am Tatort eingesetzten Beamten (auch wenn keine Maßnahmen durchgeführt wurden)

11.2 Todesermittlungen

Die rechtliche Grundlage des Todesermittlungsverfahrens ergibt sich aus § 159 StPO.[53]

§ 159 StPO Anzeigepflicht bei Leichenfund und Verdacht auf unnatürlichen Tod
(1) Sind Anhaltspunkte dafür vorhanden, dass jemand eines nicht natürlichen Todes gestorben ist, oder wird der Leichnam eines Unbekannten gefunden, so sind die Polizei- und Gemeindebehörden zur sofortigen Anzeige an die Staatsanwaltschaft oder an das Amtsgericht verpflichtet.

(2) Zur Bestattung ist die schriftliche Genehmigung der Staatsanwaltschaft erforderlich.

Bei diesem Verfahren geht es darum, die genauen Umstände des Todes (die sog. Todesart) zu ermitteln und die Identität des Verstorbenen zweifelsfrei festzustellen. Hierbei handelt es sich noch nicht um ein polizeiliches Ermittlungsverfahren (mit den entsprechenden Eingriffsbefugnissen), sondern um eine Art „Vorverfahren", das dazu dient, festzustellen, ob ein Strafverfahren einzuleiten ist oder ob es sich um einen „normalen" Sterbefall handelt. Gleichwohl wird der Leichnam (und ggf. weitere erfor-

53 In Verbindung mit Nr. 33–38 Richtlinien für das Strafverfahren und das Bußgeldverfahren (RiStBV).

derliche Unterlagen, wie z.B. Kranken-/Patientenakten o.Ä.), gemäß §§ 94 ff. StPO beschlagnahmt, um durch weitere Ermittlungen die Todesart klären zu können.

Bei der Todesart unterscheidet man zwischen:

- Natürlich (infolge von Krankheit, Alter)
- Nicht natürlich (durch äußere Einwirkungen wie z.B. Unfall, Suizid oder Fremdverschulden)
- Ungeklärt (es steht nicht fest, ob natürlich oder nicht natürlich)

Ziel der Ermittlungen muss die Feststellung sein, ob Anhaltspunkte für ein Fremdverschulden/Suizid oder ein Tod infolge von Krankheit/Alter vorliegen. Dazu ist bei der Befundaufnahme insbesondere auf Folgendes zu achten:

Subjektiv

- Melder ermitteln und befragen
- Personalien der am Fundort/Sterbeort angetroffenen Personen (Familie, Nachbarn, Auffinder, ggf. weitere Zeugen mit telefonischer Erreichbarkeit)
- Kontrolle der Todesbescheinigung (Vollständig ausgefüllt? Personalien, Sterbezeit korrekt? Daten des Arztes lesbar?)
- Befragung des den Tod feststellenden Arztes, insbesondere: Wurde reanimiert?
- Erreichbarkeit von Hausarzt oder weiterer behandelnder Ärzte ermitteln
- Sind Vorerkrankungen bekannt?
- Ggf. Todesbenachrichtigung veranlassen/durchführen, sollten keine Angehörigen vor Ort sein

Objektiv

- Zustand von Haus-/Wohnungstür/Fenstern (zugezogen, verschlossen, Beschädigungen?)
- Vorhandene Medikamente
- Abschiedsbriefe
- Veränderungen am Leichnam dokumentieren (Fotos)
- Werkzeuge/Waffen im Umfeld zum Leichnam

Kriminalistische Leichenschau

Wichtigster Aspekt bei Todesermittlungen ist die kriminalistische Leichenschau, bei der insbesondere folgende Beschreibungen enthalten sein sollten:

- Zustand/geschätztes Alter/Gewicht/Bekleidung/Lage/Temperatur der Leiche/offensichtliche Verletzungen
- Gibt es offensichtliche Veränderungen am Leichnam (durch Ärzte, z. B. medizinisches Material)?
- Leichenflecken vorhanden? Wenn ja, sind diese lagegerecht?
- Leichenstarre vorhanden?

Totenflecke[54]:

→ Entstehen nach ca. 15–30 Minuten

→ Sind voll ausgebildet nach ca. 6–8 Stunden

Vollständig wegdrückbar auf Daumendruck:

→ bis ca. 20 Stunden

Unvollständig mit scharfkantigem Werkzeug wegdrückbar:

→ bis ca. 36 Stunden

54 Vgl. Grassberger/Schmid (2014), Kap. 2.2.

Farbe der Totenflecke:

→ Blaulivide	Normal
→ Kirsch-/Hellrot	Kohlenmonoxidvergiftung, Cyanidvergiftung, aber auch Kälte/Unterkühlung möglich

Leichenstarre:

→ Beginnt nach ca. 2–4 Stunden

→ Zuerst in der Kiefer- und Nackenregion feststellbar

→ Ist nach ca. 6–8 Stunden voll ausgeprägt

→ Tritt nach „Brechen" der Starre nach 6–9 Stunden wieder ein

→ Vollständige Lösung nach ca. 2–4 Tagen

Beschreibung der einzelnen Körperpartien von oben nach unten, von vorne nach hinten.

- Kopf und Hals
  - Schädel (fest, beweglich, Verletzungen, Brüche, Narben, Schwellungen)
  - Haare (Farbe, Länge, Ausziehbarkeit)
  - Halspartie (Verletzungen, Würgemale)
  - **Augen** (offen oder geschlossen, Farbe und Zustand von Augenlidern, Augäpfeln, Bindehäuten, Überprüfung auf punktförmige Einblutungen, sog. „Petechien" → kann ein Hinweis auf Tod durch Ersticken sein)
  - **Nase** (einsehbar, Fremdkörper/Flüssigkeiten vorhanden/intakt oder gebrochen)
  - **Mund** (einsehbar/zu öffnen?/Anzahl, Zustand der Zähne/Prothese/Farbe und Zustand der Lippen)
  - **Ohren** (Farbe/Fremdkörper/Flüssigkeiten vorhanden?/Abrinnspuren)
- Rumpf
  - Brustkorb beschreiben (Farbe/Verletzungen/Zustand/Narben/Brüche der Rippen)

- Bauch beschreiben (Farbe/Verletzungen/Narben/allgemeiner Zustand wie weich/hart/aufgedunsen)
- Genitale

- Extremitäten
  - Arme und Hände einzeln beschreiben (Farbe/Verletzungen/Narben/Zustand)
  - Beine und Füße einzeln beschreiben (Farbe/Verletzungen/Narben/Zustand)
- Körperrückseite (Rücken und Gesäß beschreiben)

Abrinnspuren von Speichel/Sekreten/Blut lagegerecht?

Maßnahmen/Verbleib der Leiche/Aussprache der Beschlagnahme des Leichnams

11.2.1 Tod durch Schusswaffe

Allgemein

Bei Todesfällen durch Schusswaffen entstehen die Verletzungen durch das Eindringen der Projektile meist von Lang- oder Kurzwaffen in den Körper. Allerdings sind auch Fälle möglich, bei denen (z.B. aus der Landwirtschaft) Bolzenschussgeräte oder Eigenbauten verwendet werden.

Wird ein kleines Kaliber verwandt, ist die Schussverletzung nicht immer auf den ersten Blick erkennbar. Auch die Differenzierung zwischen Ein- und Ausschuss ist nicht immer vor Ort möglich.

Objektiv

Hierbei kommt es darauf an, „die Anzahl der Treffer, die Schussrichtung sowie die Schussentfernung [...] richtig beurteilen zu können.“[55] Diese Ergebnisse erlauben dann Aussagen darüber, ob es sich um ein Tötungsdelikt oder einen Suizid handelt.

55 Grassberger/Schmid (2014), S. 105.

Dazu:

- Genaue Lage der Leiche und Waffe ermitteln
- Zustand der Waffe dokumentieren. Keine Veränderung ohne Rücksprache mit der Fachdienststelle, besonderes Augenmerk auf die Eigensicherung richten!
- Hülsen und Geschosse dokumentieren (Lage und Anzahl)
- Schmauchspurensicherung an den Händen (zur Ermittlung der Schusshand)
- Sind weitere Spuren (Verletzungen) an den Händen sichtbar?
- Einschussverletzung feststellen und dokumentieren
- Durchschossene Kleidungsstücke so asservieren, dass Schmauchrückstände um den Einschuss nicht verwischt oder auf andere Stellen übertragen werden können[56]

Einschussverletzungen sind erkennbar durch:[57]

→ Abstreifring/Schmutzring: schwarzer 1–2 mm breiter Ring, der durch Pulverschmauch am Projektil entsteht

→ Kontusionsring/Schürfsaum: Oberhautverletzung im Bereich um die Einschusswunde durch kegelförmiges Ausspritzen von Gewebeteilchen. Zu Beginn glänzend, nass, später bräunlich vertrocknet

→ Textilfasereinschleppung: Durchdringt das Projektil direkt auf der Haut aufliegende Textilschichten, können Partikel durch den Sog in die Wunde gezogen und dort festgestellt werden.

56 Vgl. Mätzler/Wirth (2022), S. 312.

57 Vgl. Grassberger/Schmid (2014), S. 105 ff.

Außerdem bei absolutem Nahschuss u. a. möglich:

→ Stanzmarke (beim aufgesetzten Schuss): entsteht durch das Aufsetzen der Waffe auf der Haut. Durch die Pulvergase und das Drücken der Waffe gegen die Haut entsteht ein Abdruck der Mündung im Bereich der Einschusswunde.

→ Einschussplatzwunde: sternförmige Einrisse der Haut im Bereich des Einschusses durch austretende Pulvergase bei Schussabgabe (nicht im Bereich der Brust sichtbar)

Subjektiv

- War der Verstorbene legaler Waffenbesitzer?
- Sind Schussgeräusche durch Zeugen wahrgenommen worden? Wenn ja, wie viele?

Anhaltspunkte, die für Suizid sprechen:

- Abschiedsbrief
- Geordnetes Gesamtbild am Auffindeort
- Eingetragener Waffenbesitz
- Waffe in der Nähe des Verstorbenen
- Absoluter Nahschuss mit Stanzmarke/Schmauchniederschlag/Kontusionsring
- Schmauch/evtl. Blut-/Gewebereste an der Schusshand

Schussentfernung

→ Absoluter Nahschuss: Die Mündung der Waffe ist bei Schussabgabe fest auf der Haut aufgesetzt.

→ Relativer Nahschuss: Abstand ca. 1–1,3 Meter Schmauch zum Opfer (ist nur mit chemischer Untersuchung nachweisbar)

→ Fernschuss: > 1,3 Meter: Kein Schmauch am Opfer

Anhaltspunkte, die für Tötungsdelikt sprechen:

- Keine Waffe auffindbar
- Fernschuss
- Mehrere Schussverletzungen
- Lage der Einschüsse (Rücken, Nacken, Partien, an die der Verstorbene selbst nicht ohne Weiteres herankommt)
- Abwehrverletzungen

11.2.2 Tod durch Erhängen

Allgemein

Es handelt sich um eine Art der Strangulation, bei der ein Strangwerkzeug (meist Strick, Gürtel etc.) um den Hals gelegt und dieses mithilfe des Körpergewichts zugezogen wird. Dadurch wird die Blutzufuhr zum Gehirn unterbrochen. Es tritt Bewusstlosigkeit und dann der Tod durch Ersticken ein.

Am Hals des Verstorbenen ist eine (meist nach oben verlaufende) Strangmarke/Strangfurche zu erkennen.

Am Leichenfundort ist nun festzustellen, ob der Suizid eigenverantwortlich durchgeführt wurde oder ob ein Fremdverschulden vorliegt und die Leiche zum Vortäuschen eines Suizides aufgehängt wurde. Eine exakte Klärung dieser Frage ist nur durch eine Obduktion zu erreichen.[58] Handlungsleitend am Fundort sollte die Frage sein:

Konnte sich der Erhängte von selbst in diese Position bringen?

58 Vgl. Mätzler/Wirth (2022), S. 166.

Objektiv

- Genaue Dokumentation und Rekonstruktion der Auffindesituation
- Knoten/Strangulationswerkzeug dokumentieren und rekonstruieren
- Belassen des Strangwerkzeuges an der Leiche, ansonsten
- sicherstellen → dazu an unbedenklicher Stelle durchtrennen
- Ggf. Faserspuren an den Handinnenflächen der Leiche durch Abkleben sichern

Anhaltspunkte, die für Suizid sprechen:

- Abschiedsbrief vorhanden
- Teil des Körpers berührt den Boden
- Knoten ist seitlich am Hals befestigt (nicht hinten).
- Vitalitätszeichen zum Zeitpunkt des Erhängens (Speichel-, Tränen-, Blutfluss, Kotabgang)
- Stauungsblutungen in den Bindehäuten
- Blauviolette Färbung des Gesichts („Zyanose")
- Versuche des Suizidenten, sich noch aus der Schlinge zu befreien (z. B. Hand in der Schlinge)
- Anschlagsverletzungen an Füßen/Händen beim Erstickungskampf (nicht zu verwechseln mit Abwehrverletzungen)

Anhaltspunkte, die für Fremdverschulden sprechen:

- Lage/Höhe des Ortes. Verstorbener konnte aufgrund der Körpergröße die Stelle selbst nicht erreichen.
- Stuhl/Leiter o. Ä. fehlen im Umfeld zum Erhängten.
- Abwehrverletzungen
- Schleifspuren

- Durch Hochziehen des Leichnams an Holzbalken, Türblättern etc. entsteht ein Faserabrieb am Strangulationswerkzeug sowie eine Zugrille an hölzernen oder Abriebspur an sonstigen Gegenständen.[59]
- Keine Vitalitätszeichen (Speichel-, Tränen-, Blutfluss, Kotabgang) → Person wurde bereits tot aufgehängt, Suizid soll vorgetäuscht werden.

11.2.3 Tod durch scharfe Gewalt

Allgemein

Es wird unterschieden zwischen Stich- und Schnittverletzungen (meist durch ein Messer oder andere spitze Gegenstände verursacht), die dazu führen, dass wichtige Organe verletzt werden und der Tod meist infolge eines Verblutens nach innen oder außen eintritt.

„Eine Stichwunde weist einen Einstich, einen Stichkanal und beim Durchstich zudem eine Ausstichöffnung auf."[60]

„Eine Schnittverletzung kommt zustande, wenn der einwirkende Gegenstand unter Druck und weitgehend parallel zur Körperoberfläche geführt wird."[61]

Objektiv

Durch Verbluten nach innen oder außen sind nur schwach ausgeprägte bzw. gar keine Leichenflecke erkennbar.

Entscheidend ist die Differenzierung, ob die Stich-/Schnittverletzungen selbst beigebracht oder durch Fremdverschulden verursacht wurden.

59 Vgl. Mätzler/Wirth (2022), S. 171.

60 Wirth (2021), S. 590

61 Mätzler/Wirth (2022), S. 213.

Für Selbstbeibringung spricht:

- Abschiedsbrief vorhanden
- Geordnetes Umfeld
- Schnitt-/Stichwerkzeug kann sich im Umfeld des Suizidenten befinden (auch in Bereichen möglich, die sich erst auf den zweiten Blick erschließen: Schränke, Mülleimer, Kühlschrank, Backofen etc.).
- Stich/Schnitt befindet sich an Stelle, die für ihn erreichbar ist (Hände, Arme, Herzregion).
- Es sind (ggf. auch ältere) Probierschnitte vorhanden.
- Betroffene Körperstelle ist oft unbekleidet.

Für Fremdeinwirkung spricht:

- Abwehrverletzungen an Händen und Armen
- Vielzahl von Stichen/Schnitten
- Körperregionen sind für den Suizidenten nicht erreichbar.
- Schnitt-/Stichwerkzeug ist nicht vorhanden.
- Umfeld weist Kampfspuren auf (umgeworfenes Mobiliar, zerbrochene Gläser etc.).

11.2.4 Tod durch Sturz aus großer Höhe

Allgemein

Es handelt sich hier um eine weit verbreitete Suizidmethode. Allerdings ist auch der Sturz infolge eines Unfalls denkbar. Von Fremdverschulden kann ausgegangen werden, wenn das Opfer aus der Höhe geworfen oder geschubst wird.

Objektiv

- Ermittlung der Absturzstelle/Absturzhöhe/Aufschlagstelle
- Feststellung der Entfernung der Aufschlagstelle zur Senkrechten der Absturzstelle

- Absuchen der Absturzstelle nach Schuhspuren, persönlichen Gegenständen, daktyloskopischen Spuren (an Geländer, Fensterbank etc.)
- Feststellung, ob „Zwischenkollisionen" durch Brückenpfeiler, Mauervorsprünge etc. vorhanden sind

Anhaltspunkte, die für einen Suizid sprechen:

- Auswahl des Ortes (z. B. weil in Suizidforen im Internet als beliebte Stelle angegeben)
- (Geordnete) persönliche Gegenstände an der Absturzstelle
- Leiter/Stuhl o. Ä. an der Absturzstelle
- Abschiedsbrief
- Zug-/Busticket
- Fahrzeug in der Nähe geparkt

Anhaltspunkte, die für Fremdverschulden sprechen:

- Kampfspuren/Blutspuren an der Absturzstelle
- Abwehrverletzungen am Leichnam (evtl. schwer zu beurteilen)

11.2.5 Tod auf den Schienen

Allgemein

Hierbei kommt es oft zu massiven Verletzungen mit weiträumig ausgeprägter Spurenlage am Ereignisort. Vor Betreten der Bahngleise ist aus Gründen der Eigensicherung unbedingt sicherzustellen, dass der Schienenverkehr eingestellt wurde!

Objektiv

- Anstoßstelle am Zug ermitteln
- Absturzstelle/Absturzhöhe (z. B. Brücken o. Ä.) ermitteln

- Vollständige Sicherung des Leichnams
- Länge des Zuges/Länge des Bremsweges ermitteln

Subjektiv

- Befragung des Schienenfahrzeugführers sollte in Absprache mit dem Notfallmanager der Deutschen Bahn/dem psychologischen Betreuer erfolgen.
- Inhaltlich wichtig ist hierbei:
  - Wurde der eigentliche „Aufprall“ der Person auf den Zug wahrgenommen?
  - Stand die Person bereits auf dem Gleisbett? Wie und in welche Richtung stand sie?
  - Rannte die Person ins Gleisbett? Waren andere Personen erkennbar?[62]
  - Wenn ja, wie verhielten sich diese Personen?

Anhaltspunkte, die für Suizid sprechen:

- Abschiedsbrief vorhanden
- Persönliche Gegenstände in der Nähe der Absturzstelle
- Keine/sehr schwach ausgeprägte Leichenflecke durch Verbluten

Anhaltspunkte, die für Fremdverschulden sprechen:

- Schleifspuren im Gleisbett
- Kampfspuren an der Absturzstelle
- Abwehrverletzungen am Leichnam (evtl. schwer zu erkennen)
- Fehlender Schmutz an den Schuhsohlen des Leichnams
- Fehlende Schuhspuren
- Leichenflecken vorhanden

62 Vgl. Freislederer/Stenzel/Weirich (2011), S. 56.

11.2.6 Tod im Wasser

Allgemein

Entscheidende Frage bei Wasserleichen ist, ob die Person im Wasser zu Tode gekommen ist oder leblos ins Wasser geworfen wurde.
Beim Ertrinken tritt der Tod durch Ersticken infolge einer Aspiration des Wassers ein. Es wird wie folgt unterschieden:

- Typisch: Person ist lebend im Wasser und atmet bewusst ein. Kommt (mehrfach) an die Oberfläche und kann Selbstrettungsversuche vornehmen.
- Atypisch: Person ist bereits bewusstlos/bewusstseinsgetrübt (durch Alkohol, BtM-Konsum oder Herzkreislauferkrankung) im Wasser, atmet dieses kontinuierlich ein und unternimmt keine Selbstrettungsversuche.

Die Todesermittlung bei Wasserleichen ist problematisch, weshalb einer späteren Obduktion eine hohe Bedeutung zukommt.

Leichenveränderungen schreiten nach deren Bergung beschleunigt voran. Die Leichenschau und insbesondere die fotografische Dokumentation ist daher möglichst zeitnah durchzuführen.

Objektiv

- Ort des Eintritts in das Wasser ermitteln
- Wassertemperatur feststellen
- Verletzungen am Leichnam dokumentieren. Diese können entstehen durch:
  - Tierfraß
  - Schiffsschrauben
  - Strömungsbedingtes Schleifen (in Bauchlage) über den Grund (an Füßen, Knien, Stirn)
  - Abwehrhandlungen bei einem Fremdverschulden

Befund am Leichnam:

- Waschhautbildung (an Händen und Füßen besonders ausgeprägt)
- Leichenflecke meist an den vorderen Körperpartien durch die Bauchlage im Wasser
- Beim typischen Ertrinken: Schaumpilz vor Mund, Nase
- Beim atypischen Ertrinken: geringere Ausprägung der o. g. Anzeichen

Subjektiv

- Hat der Betroffene zuvor um Hilfe gerufen/Selbstrettungsversuche vorgenommen?
- Ist bekannt, ob der Betroffene schwimmen konnte?

Anhaltspunkte, die für Suizid sprechen:

- Ort/Höhe der Absturzstelle ins Wasser
- Abschiedsbrief
- Kleidung/persönliche Gegenstände wurden vor Sprung ins Wasser (teilweise) abgelegt.
- Fahrzeug des Verstorbenen befindet sich im Umfeld.

Bei Badewannentod:

Problematische Todesart, da durch warmes nachlaufendes Wasser der Fäulnisprozess beschleunigt wird und konkrete Aussagen zur Todesart (von Unfall über Suizid bis hin zu einem Tötungsdelikt alles denkbar) nur schwer möglich sind.

- Wasser nicht ablassen!
- Wasserstand markieren (auch außerhalb der Badewanne auf dem Boden nach Wasser suchen)
- Wassertemperatur der Badewanne dokumentieren
- Was befindet sich noch im Wasser? Blut, Erbrochenes?

- Genaue Beschreibung des Zustands der Leiche
- Rektaltemperatur messen
- Welche Organe sind über, welche unter Wasser (Schaumpilz vor den Atemwegen)?
- Verschlusszustand der Badezimmertür
- Welche Gegenstände befinden sich in Reichweite des Verstorbenen (elektrische Geräte/Alkoholflaschen)?
- Zustand Sicherungskasten/Stellung der FI-Schalter dokumentieren

11.3 Brand(tat)orte

Allgemein

Bei Brandorten geht es in erster Linie um die Ermittlung des Brandausgangsortes und der Brandursache. Daraus folgend lässt sich dann ein evtl. strafrechtlich relevantes Verhalten ableiten. Man unterscheidet zwischen der Selbstentzündung, dem Brand aufgrund technischer Ursache sowie der fahrlässigen/vorsätzlichen Brandstiftung. Diese werden durch das sogenannte Eliminationsverfahren ermittelt. Ein möglichst zeitnahes Aufsuchen des Brandortes ist für diese Ermittlungen von enormer Bedeutung, da Beobachtungen über die Ausdehnung und den Verlauf des Feuers Rückschlüsse auf den Brandentstehungsort zulassen.

Nach Eintreffen am Brandort ist insbesondere auf Folgendes zu achten:

- Zusammenarbeit mit der Feuerwehr: Genügend Aktionsradius für die Einsatzfahrzeuge freihalten
- Weiträumig absperren/Verkehrsregelung
- Ständige Lagemeldungen
- Möglichst wenige Veränderungen durch Löschmaßnahmen zulassen

- Brandort nur mit Schutzkleidung/nach Rücksprache mit der Feuerwehr betreten

Objektiv

- Sofortige (fotografische, falls möglich, auch videografische) Dokumentation (am besten bereits während der Löscharbeiten) über:
- Lage/Art/Ausdehnung der Flammen, des Rauchs/Funkenflug/Geräusche/Explosionen.
- Feststellung der Licht-/Witterungsverhältnisse
- Sofern rechtlich zulässig: Fotografieren der umherstehenden Passanten
- Weitere Personen ausfindig machen, die Bild- und Videomaterial angefertigt haben
- Beschlagnahme des Brandortes durch Kennzeichnung ggf. mithilfe von Bauzäunen (in Absprache mit Stadt/Bauamt).
- Sicherung von brennbaren Flüssigkeiten (Brandbeschleunigern) → Aufnahme mittels Vliestüchern oder sauberem (möglichst unparfümierten und desinfektionsmittelfreien) Zellstofftaschentuch → **nicht mit Bakterietten aufnehmen!**

Sicherung von sonstigem Brandschutt:

- Zunächst Rücksprache mit der FD
- Gasdichte Verpackung durch Einmachgläser mit Metalldeckel

Subjektiv

- Kontaktaufnahme und Befragung des Einsatzleiters der Feuerwehr
- Wer ist wann eingetroffen? Wer hat zuerst das Gebäude betreten? Wie wurde der Zugang hergestellt?
- Zustand der Fenster/Türen/Zugänge bei Eintreffen?

- Erreichbarkeit des Einsatzleiters und von weiteren Zeugen feststellen
- Wer war Entdecker/Melder des Brandes?
- Wurden Personen bereits abtransportiert? Wenn ja, wer und wohin?
- Gibt es verdächtige Personen am Brandort, die sich z. B. durch besonders übermotivierte Hilfe auszeichnen?
- Beweiskräftige Dokumentation der Zeugenaussagen nach entsprechender Belehrung

Wird ein Tatverdächtiger angetroffen:

- Sicherstellung der Kleidung (in spezielle Alu-Tüte mit Alu-Klebeband) und mitgeführter Gegenstände
- Dokumentation des Zustandes der Person (angesengte Haare, berußte Hände, Verletzungen etc.)

11.4 Sexualdelikte

Allgemein

Das Opfer befindet sich in einer psychischen Ausnahmesituation und steht u. U. unter Schock. Irritierende, widersprüchliche Aussagen sind daher möglich und sollten nicht mit Argwohn oder Skepsis begegnet werden.[63] Es ist möglichst frühzeitig die zuständige Fachdienststelle zu informieren, um das weitere Vorgehen abstimmen zu können.

Objektiv

- Tatort, Opfer und Täter müssen strikt getrennt werden, um Spurenvermischung zu vermeiden.

63 Vgl. Innenministerium Nordrhein-Westfalen (2004), Anlage 1.

- Wenn möglich, sollte die Spurensicherung der Beteiligten durch verschiedene Beamte durchgeführt werden.
  → Ein vorheriges Waschen der Beteiligten sollte nach Möglichkeit unterbunden werden.

Am Tatort und im Umfeld insbesondere nach folgenden Spuren suchen:

- Kampfspuren
- Schleifspuren
- Schuhspuren
- Blutspuren
- Reinigungstücher, Kondome, Zigarettenkippen, Handschuhe (zur Sicherung von Sekretspuren wie Sperma, Speichel, Vaginalsekret)
- (Fotografische) Dokumentation der Verletzungen (Einverständnis vorausgesetzt)
- Gynäkologische Untersuchung beim Opfer in der örtlichen Frauenklinik
- Kleidung von Opfer und – wenn vorhanden – von Tatverdächtigem sicherstellen (auch wenn diese nach Aussagen bereits gewaschen wurden)
- Bettlaken sicherstellen (sofern vorhanden).

Subjektiv

Besonderes Einfühlungsvermögen zeigen/beruhigend einwirken.

Erste Befragung:

- Möglichst ungestört
- Lediglich auf wesentliche Tataspekte zwecks Einleitung der Sofortmaßnahmen und
- Hinweise zum Täter zwecks Fahndung beschränken

- Geduldig zuhören/auch Ausschweifungen zulassen
- Bei intimen Fragen deren Notwendigkeit für das Verfahren erläutern
- Wenn das Opfer keine Angaben machen möchte, auf anonyme Behandlung im Krankenhaus und weitere Hilfsangebote hinweisen

Keine Zweifel/Vorhalte gegenüber dem Opfer äußern (auch wenn das Opfer desorientiert/alkoholisiert wirkt).

Betreuungsangebote für das Opfer sicherstellen, ggf. Opferschutz benachrichtigen.

11.5 Raub-/Überfalltatorte

Allgemein

Raubtaten beeinträchtigen das subjektive Sicherheitsempfinden enorm. Erste Hilfe für das Opfer sowie die sofortige Fahndung nach den Tätern steht hier neben der Tatortarbeit im Vordergrund.

Objektiv

Auf mögliche Ausspähorte (Vortatphase) achten.
→ Gibt es dort evtl. Videokameras?

Am Tatort und im Umfeld insbesondere nach folgenden Spuren suchen:

- Tatwerkzeuge
- Kampfspuren
- Fesselwerkzeuge
- Klebeband
- Kabelbinder
- Schleifspuren

- Schuhspuren
- Blutspuren
- Maskierungsmittel
- (Teile der) Beute

Bei Tatverdächtigen und Opfern:

- Kleidung sicherstellen
- Verletzungen dokumentieren

Subjektiv

- Täter- und Opferverhalten erfragen
- Genaue Täterbeschreibung mit Fluchtrichtung und Fluchtart. Kann der Täter wiedererkannt werden?
- Welche Beute ist abhandengekommen? Sind ausschreibungsfähige Gegenstände dabei?
- Gibt es Hinweise zur möglichen Motivation? Hatte das Opfer in der Vergangenheit Konflikte?

11.6 Häusliche Gewalt

Allgemein

„Häusliche Gewalt wird angenommen, wenn es in einer häuslichen Gemeinschaft ehelicher oder nichtehelicher (unabhängig von der sexuellen Orientierung) oder sonstiger Art (z. B. Mutter/volljähriges Kind, Wohngemeinschaften), die entweder besteht, in Auflösung begriffen oder seit einiger Zeit aufgelöst ist, zur Gewaltanwendung kommt. Häusliche Gewalt setzt nicht die Tatbegehung in der gemeinsamen Wohnung voraus. Tatorte können u. a. auch Geschäftsräume oder der öffentliche Raum sein. In Zweifelsfällen ist häusliche Gewalt anzunehmen."[64]

64 Innenministerium Nordrhein-Westfalen (2007).

Objektiv

- Zustand der Wohnung (fotografisch) dokumentieren mit Schwerpunkt auf möglichen Streit/mögliches Kampfgeschehen und Einrichtung der Wohnung (Wer wohnt hier? Wer hat hier seinen Lebensmittelpunkt?)
- Genaue Dokumentierung der Verletzungen von Opfer und Täter

Subjektiv

- Getrennte Befragung der Beteiligten nicht nur über den aktuellen Vorfall, sondern auch über Vorgeschichte/Beziehung
- Psychischen Zustand des Opfers dokumentieren
- Kontaktaufnahme mit Opferschutz
- Gefahrenbeurteilung vornehmen und ggf. weitere (Schutz-) Maßnahmen treffen
- Ggf. ärztliches Attest anstreben

11.7 Einbruchstatorte

Allgemein

Das subjektive Sicherheitsempfinden wird in diesem Deliktsbereich (durch Eindringen in die Privatsphäre, einhergehend mit einer allgemein geringen Aufklärungsquote) besonders beeinträchtigt. Einer sorgfältigen Tatortarbeit kommt hier besondere Bedeutung zu, auch wenn es sich auf den ersten Blick um einen spurenarmen Tatort zu handeln scheint.

Möglichst lückenlose Rekonstruktion des Tatgeschehens (mit Ein- und Ausstieg des Täters), benutztem Werkzeug und entwendeter Beute.

Objektiv

- Absuchen des gesamten Geländes inkl. Zu- und Abgängen (auch wenn auf den ersten Blick dort keine Spuren erkennbar sind)
- Fluchtweg ermitteln
- Mithilfe gedanklicher Tatrekonstruktion nach Objekten/Spurenträgern suchen, die der Täter angefasst haben könnte

Am Tatort und im Umfeld insbesondere nach folgenden Spuren suchen:

- Werkzeugspuren
- Liegen gelassenes Werkzeug
- Passstücke (abgebrochene Profilzylinder)
- Schuhspuren
- Blutspuren (insbesondere am Ein-/Ausstieg)
- Liegen gelassene Beute
- (Einweg-)Handschuhe
- Kleidung

Subjektiv

- Nach Besonderheiten in der Vergangenheit fragen (dubiose Anrufe, Klingeln an der Haustür, „Herumlungern" von verdächtigen Personen etc.)
- Wurden Gegenstände durch den Geschädigten berührt? Welche Veränderungen wurden vorgenommen?
- Entwendete Gegenstände (mit Individualnummern zur Fahndung) feststellen
- Zusätzlich Formular zur Aufstellung der entwendeten Gegenstände aushändigen
- Wohnungsinhaber nach fremden Gegenständen am Tatort fragen

- Tatzeitraum durch Befragung möglichst genau eingrenzen
- Hausrat/Haftpflichtversicherung, wenn ja, seit wann, bei welcher Gesellschaft?
- Personalien aller Tatortberechtigten erheben (für ggf. späteren Spurenabgleich)

12 Literatur

Ackermann, R., Clages, H., Roll, H. (2022). Handbuch der Kriminalistik. Kriminaltaktik für Praxis und Ausbildung. Stuttgart: Richard Boorberg Verlag.

Ackermann, R. (2005). Der Tatort – eine weitreichende Erkenntnisquelle. In: Kriminalistik 5/2005, S. 323–328.

Bialon, J., Springer, U. (2014). Eingriffsrecht. München: C. H. Beck.

Bundeskriminalamt (Hrsg.) (zuletzt aufgerufen 04/2023). Anleitung Tatortarbeit – Spuren. Wiesbaden: BKA.

Clages, H., Ackermann, R. (2017). Der rote Faden. Grundsätze der Kriminalpraxis. Heidelberg: Kriminalistik Verlag.

Cicha, J. (2019). Die Ermittlung von Brandursachen. Stuttgart: Richard Boorberg Verlag.

Deutsches Polizeiblatt für die Aus- und Fortbildung (2016). Todesermittlungen. Stuttgart: Richard Boorberg Verlag.

Frings, C., Rabe, F. (2016). Grundlagen der Kriminaltechnik (Bd. 1). Hilden: Verlag Deutsche Polizeiliteratur.

Frings, C., Rabe, F. (2016). Grundlagen der Kriminaltechnik (Bd. 2). Hilden: Verlag Deutsche Polizeiliteratur.

Frings, C., Rabe, F. (2020). Basislehrbuch Kriminaltechnik. Methoden und Verfahren der Spurensicherung und Untersuchung. Hilden: Verlag Deutsche Polizeiliteratur.

Grassberger, M., Schmid, H. (2014). Todesermittlung. Befundaufnahme und Spurensicherung. Stuttgart: Wissenschaftliche Verlagsgesellschaft.

Guth, R. (2001). Nichtnatürliche Todesfälle. Grundlagen kriminalistischer Untersuchungstätigkeit. Stuttgart: Richard Boorberg Verlag.

Holzmann, W. (2008). Brandermittlungen. Hilden: Verlag Deutsche Polizeiliteratur.

Innenministerium Nordrhein-Westfalen (2007). Häusliche Gewalt und polizeiliches Handeln. Düsseldorf.

Innenministerium Nordrhein-Westfalen (2004). Verhaltensempfehlungen für den Umgang mit Opfern von Sexualstraftaten. Anlage 1 zu Runderlass des Innenministeriums vom 03.02.2004. Bearbeitung von Straftaten gegen die sexuelle Selbstbestimmung. Düsseldorf.

Landeskriminalamt Nordrhein-Westfalen (2021). Anleitung zur Erstellung von Abformungen von Werkzeug- und Formspuren.

Mätzler, A., Wirth, I. (2022). Todesermittlung. Grundlagen und Fälle. Heidelberg: Kriminalistik Verlag.

Meyer-Goßner, L., Schmitt, B. (2022). Strafprozessordnung mit GVG und Nebengesetzen. München: C. H. Beck.

Ministerium für Inneres und Kommunales NRW (2015). Streife. Das Magazin der Polizei des Landes Nordrhein-Westfalen. Sonderausgabe Cybercrime. Die Polizei NRW im Kampf gegen Computerkriminelle. Düsseldorf.

Pientka, M., Wolf, N. (2017). Kriminalwissenschaften I. München: C. H. Beck.

Pohler, G. (2011). Eingriffsmaßnahmen, Sicherheitsleistung und Beweismittel der Strafprozessordnung. Stuttgart: Richard Boorberg Verlag.

Roll, H. (2013). Tatortarbeit. Hilden: Verlag Deutsche Polizeiliteratur.

Schulze, D. (2003). Sofortmaßnahmen am Tatort. Einsatzbegleiter mit Checklisten und Praxishinweisen. Stuttgart: Richard Boorberg Verlag.

Suchy, Erwin (2005). Spurensicherungshilfen mit Checklisten. Stuttgart: Richard Boorberg Verlag.

Weihmann, R., de Vries, H. (2014). Kriminalistik für Studium, Praxis, Führung. Hilden: Verlag Deutsche Polizeiliteratur.

Wirth, I. (2021). Kriminalistik Lexikon. Heidelberg: Kriminalistik Verlag.